演劇の手法による
セールスの絶対教科書

ロード・オブ・ザ・セールス
The Lord of the Sales

実践編

岡根芳樹

セールスとは、知識ではなく技術であり能力である。知っているか知らないかではなく、できるかできないかなのだ。だから本を読んでノウハウは知っていても、契約を取ったこともない管理職の偉そうな講釈などは何の役にも立たない。いくら正しそうなセオリーでも現場で成果に繋がらなくては意味がないのだ。

昨今「成果が上がるノウハウ」というものが世の中に氾濫している。毎日のように全国各地でセールスセミナーが開催され、ビジネス書に至っては、書店の一角を独占している。

しかしその実、本当に価値のあるものもあれば、正しそうな理屈ばかりで現場ではまったく役に立たないものもある。ノウハウを知らない者にとっては、どれが本物のノウハウなのかどうやって見分ければいいのか？　私のようにワインの味を知らない人間が百万円以上するというロマネ・コンティと、スーパーの九八〇円で売られているワインとの味の違いがわからないのと同じなのだ。

また仮に本物のノウハウであったとしても、スポーツのトレーニング法と同じように時代の変化に伴い、「今は通用しないやり方」になってしまった例もたくさんある。

しかし、もし時代がどんなに変わったとしても通用する普遍的なノウハウがあったとしたらどうだろう？

どんな商品にも、どんな職種にも通用する万能なノウハウがあったとしたら？

それはまさにセールスの世界において無敵になることではないか？

まさか、そんな都合のいい魔法のようなノウハウがあるはずはない？

いや、それが「心理学」なのだ。

時代によってセールスのやり方が変わるように見えるのは、時代によって流行る歌が変わるのと似ている。時代によって歌詞や曲調、表現方法などは変わっていくが、メジャーコードが暗く感じたり、マイナーコードが明るく感じることはない。和音は誰にとっても心地よく、不協和音は不安や不快に感じる。どんなに生活が近代化したとしても、緋色の美しい夕焼けは郷愁を誘い、夜空に煌めく星はロマンチックな夢の世界へ連れて行ってくれる。

つまり時代によって表面的な変化や進化はむしろ必然なことで、しかし根幹をなす人間の心理というものは人間が人間である以上、大昔からずっと同じであり、これから先も普遍的なのだ。

この「心理学」に基づいたプレゼンスキルを身につけた者こそが、普遍的な営業の達人、「マスター・セールスマン」なのである。

この本は、あるセールスマンの成長を描いた物語であり、その物語を上演するための演劇用の台本でもある。架空の劇団の、架空の役者が演じるために書かれた台本だ。しかも内容はコメディであり、エンターテインメントなのだ。

しかしなぜ台本なのか⁉

それこそが、かつてなかったセールススキルを身につけるための画期的な仕掛けなのだ。

私はこの本を書くにあたって考えた。ビジネス書というのは、ノウハウを知ることには大いに役に立つのだが、どんなにいい本でも一度読んだだけでは能力として身につくことはない。

そんな理由から、ノウハウ本的なビジネス書を書くことを避けてきたのだが、そんな理由で書かないというのもどうも野暮な気がして、ならば本当に身につけられるビジネス書は書けないだろうか？　と、考えてみた。

考えて考えて、考え抜いて、そして閃いた！　かつて私は劇団を主宰しており、毎回書き下ろしの台本を執筆していたのだ。

「そうか！　台本という手があった！」

台本とは台詞を覚え、動きを覚え、感情を表現できるようにするためのものであり、しかもセールストレーニングとは、劇団の稽古そのものではないか！

役者が目指すのは、ただ上手に台詞が言えるロボットではなく、日々の稽古を通して自分の中にある潜在能力を引き出し、人間力を磨き、表現力を身につけ、観る者に感動をクロージングする、まさにマスター・セールスマンへと変貌を遂げることなのだ。

この台本は、私の実体験に基づくプレゼンノウハウを、心理学に照らし合わせ解説をしながら進行していく。プレゼンのノウハウは実体験に基づいているが、登場人物やストーリーはまったくの「フィクション」である。特に桑森正春なる主人公は、私の親友でもあり、『もし、坂本龍馬が営業マンだったら』などの著者として知られているカリスマセールスマン、桑原正守氏とは関係がない。もちろん本人には無断で書いているのだが、名前が似ているからといって使用料をよこせなどと変ないちゃもんはつけないでいただきたい。

〈台本使用上の注意〉


台本なのだから、声を出して読むべし。

台本なのだから、何度も読むべし。

台本なのだから、想像力をもって舞台の光景を思い描きながら読むべし。

台本なのだから、気づいたことをどんどん書き込むべし。

コメディなのだから、ゲラゲラ笑いながら学ぶべし。

そして台本なのだから、読み合わせをすることでロープレになる。

さらに読者がこの物語の登場人物を本気で演じれば、登場人物と同じようにマスター・セールスマンへと一緒に成長していけることだろう。

しかし演劇の世界では、同じ役でも誰が演じるかで印象が変わる。つまり同じ台本を手にして同じ台詞を暗記したとしても、演じる役者の力量によって受ける印象は大きく変わってしまう。だから台詞を暗記しただけで上手くいくとは限らない。役者にもっとも必要なのは、観客の心を熱くさせられる表現力なのだ。
特に漫才のような掛け合いのシーンは重要である。プレゼンに必要なリズム感や絶妙な間や緩急、強弱が要求される。

さて、通常既成の劇団の台本を使って上演しようとすると、上演権がどうのこうのとややこしい問題が発生したりするが、この台本に限っては、一切の上演権を放棄するので、もう誰でも彼でもバンバン上演して構わない。
ただし、内容にあまりにも感動して使用料を勝手に上納することは、やぶさかではない。

さあ、まずは役者と同じように、手にしたこの台本をあなたがどれだけ読み込み、暗記し、自分の台詞にできるかが肝心である。理解するだけではなく、舞台で演じるというイメージを持ってこの本と向き合い挑むのだ！

なお、これはあくまでもセールススキルを身につけることを目的とした台本であるからして、ギャグがつまらないなどというクレームは一切受けつけない。

〈登場人物〉

桑森正春　五二歳
柊（ヒイラギ）　二二歳
おっさん（ブチョー）　六十?歳
若き日の桑森　二二歳
ホンカン（警官）　四八歳
赤ひげ　五五歳
看護師　三二歳

第一幕

第二幕

第一幕

第一幕　現在　SCENE1

音楽、『午前3時の街角で』[1]が暗転の中聞こえてくる
雑然としたオフィスビルの一室
舞台上手[2]のデスクにだけ薄明かりが灯り、イヤフォンをした
スーツ姿の中年の男[3]（桑森）が足をデスクに投げ出して眠っている
下手からドアが開き閉まる音
下手から若いスーツ姿の男[4]（柊）疲れ果てて登場
ビジネスバッグや見本帳など抱えている

柊（ヒイラギ）「戻りましたあ……って誰もいないかあ。十一時過ぎてるもんなあ。あーあ、やっぱ俺、営業向いてないのかなあ」

柊、ため息をつきながらオフィスの電灯のスイッチを入れ
バッグや見本帳をデスクの上に放り出す

《桑森正春による解説》

1▼SION（シオン、本名：藤野秀樹）『午前3時の街角で』山口県下関出身のシンガーソングライター。不甲斐ない自分への怒りをハスキーボイスで絞り出すように歌うあの声と曲が、売れずにもがいていたセールス時代とシンクロしてくるんだよなあ。

2▼演劇用語。舞台に向かって右手を上手、左手を下手という。ちなみに上手は「かみて」下手は「しもて」と読む。「じょうず」「へた」ではない。

3▼私を演じる役者は、二枚目でとは言わないが、野性味と色気としなやかさがある一癖ありそうな役者で頼むぜ。

4▼いかにも調子が良くて、根気のなさそうな若者がいいな。

桑森　「おう、ヒイラギか。お疲れ」

　　　桑森、イヤフォンを外すと音楽が途切れる

柊　　「あ、桑森社長！　すんません、待ってくれてたんすか？　今戻りました」

桑森　「どうだった？　ってその顔じゃあ聞くまでもないか」

柊　　「はあ、すんません、ダメでした」

桑森　「初日にしちゃあずいぶん粘ったじゃないか」

柊　　「はあ、いや、でも……」

桑森　「でも、自分には営業は向いてないってか？」

柊　　「あちゃあ、ホントすんません。やっぱ聞こえてました？」

桑森　[5]「なあヒイラギ、お前何で営業やろうと思った？」

柊　　「え？　そりゃあ、つまり、その……」

桑森　「時給や日給の仕事より稼げると思ったか？」

5▼部下を頭ごなしに叱る上司には、部下の育成なんかできない。第一そんな上司は人望がない。部下を育成するポイントは、コミュニケーション能力だ。相手とのコミュニケーションだけではなく、自分とのコミュニケーションが実はとても大事なんだ。つまり、セルフコミュニケーションのことだ。いきなり相手を裁いてしまう人の心理は、自分が正しいと思い込んで感情的になってしまっているからに他ならないよね。そんなときは、いきなり裁かずに、まず相手に興味を持つ。そうすると感情的にならずに、冷静に会話ができる。

柊　「……はい、まあそんなとこです」

桑森　「それで、やってみて思ったほどうまくいかないから、確実に稼げる仕事に戻りたいのか？」

柊　「あ、いえ、それはその……」

桑森　「おおかた今日は、門前払いでも食らって、ばつが悪いから駅前のパチンコ屋か喫茶店で時間を潰してきたんだろ。やけ酒飲んできたって感じでもないしな」

柊　「あちゃあー、社長は何でもお見通しなんですね。何でわかったんすか？」

桑森　「何年この仕事やってると思ってんだ。こんな遅い時間まで粘ってダメだったら、もっと悔しそうに帰ってくるもんだ。お前の顔にはサボってましたって書いてあるんだよ」[6]

柊　「ちゃんとアポイント取ったはずなのに、家に行ってみたらインターホン越しに、いらない、必要ないの一点張りで、話を聞くどころかドアも開けてくんないんすよ。俺だってサボるつもりはなかったんすけど、いろいろ考えちゃって……だいたい三流以下の

6▼サボっている部下に「お前、やる気がないのか！」という言葉は最悪。言われた方は「俺のことを何もわかってくれてない」と反発するだけだ。人間は勝手なもので、サボっているくせにやる気はあると思っている生き物。たまったもんじゃないけど、しかしそれもまた真理で、本当にやる気がないわけではない。ないのではなく、出せないだけなのだ。そのやる気を引き出してやるのも、コミュニケーションスキルなんだ。

大学しか行ってない自分が、現役高校生の家庭に大学受験教材の販売なんてどだい無理なんじゃないかって」

桑森　「何だそりゃ」

柊　「だって三流以下の大学出の自分の話なんか説得力ないじゃないすか」

桑森　「じゃあ何かヒイラギ？　大関で終わった親方の相撲部屋からは横綱は出せないってか？」[7]

柊　「いや、それとこれとは……」

桑森　「映画監督だって、必ずしも役者より演技が上手いってわけじゃないだろ？」[8]

柊　「そりゃあそうなんすけど」

桑森　「お前の経歴と、生徒の未来の可能性といったいどんな関係があるっていうんだ？　ちなみに俺は高卒だ。大学には行ってない。しかも名前さえ書けば入れる地元じゃ有名な低能高校出身だ」

柊　「え！　マジすか？」

桑森　「なあヒイラギ、俺たちの仕事は生徒に勉強を教えることじゃない

7▼コミュニケーションスキルの一つ。例え話で解説をする。これはかなり使えるスキルだね。例え話で解説をすると、聞く方も抵抗感がないし、「小さなYES」を取ることもできる。小さなYESとは、軽く頷いて「はい」と答えるようなイメージだね。

8▼いきなり相手の価値観を変えようとすれば、大きな反発をくらう。ポイントは、何度も小さなYESを取って、少しずつ価値観を変えていくことだ。「自分が完全に間違ってることに気づいたか！」と言われれば反発したくなるけど、「少しは自分も間違ってるかもって思わない？」と言われれば「そうかもしれない」と思うものだ。

だろ」

柊「ええ、それはわかってますよ。教材の良さを説明して売ってくることっすよね」

桑森「いや、それも違うな」

柊「え！　説明しないで売ってくるんすか？」

桑森「アホ、それじゃあ押し売りだろ」

柊「じゃあ、まさか……説明だけして売らなくてもいいとか？」

桑森「それはもっと違う」

柊「ですよね。うーん、どういうことっすか？　ひょっとしてこれはなぞなぞですか？　セールスはセールスでも何も売らないセールスってなーんだ？　答え、占いのセールス！」

桑森「ふざけるな！」

柊「すんません」

桑森「ヒイラギ、お前はセールス[9]とは、商品やサービスを上手に説明することだと思ってないか？」

柊「ええ。違うんすか？」

9▼売れないセールスマンの典型的な例。そんなセールスマンがたくさんいてくれるおかげで、プレゼンスキルを身につけた者が、差別化を図れるというわけだ。

桑森　「説明で契約取れるんならパソコンに説明させればいいだろ？　確かにパソコンや自動販売機で商売が成り立つものもある。でも俺たちが扱ってるものは、パソコンや自動販売機じゃ売れない商材だ。つまり、説明[10]だけじゃ売れないから人間がセールスをやるんだよ」

柊　「説明じゃなきゃ、何なんすか？」

桑森　「それがプレゼンだよ。プレゼンテーション」

柊　「え？　説明とプレゼンって同じじゃないんすか？　日本語と英語の違い？　んー、待てよ。食堂でご飯、って言ったら茶碗にご飯が盛られてくるけど、レストランでライス、って言うと皿に盛られてくるよな。そうか、そういうことか！」

桑森　「全然違う！」

柊　「ですよね」

桑森　「いいか、ヒイラギ！」

桑森、スケジュールが書き込まれているホワイトボードを

10▼戦後の日本のように物がなかった時代は、説明だけでも物は売れた。当時のマーケットの心理は、買うことを前提にデパートにやって来る客と同じで、いいものであることがわかれば買いたいのだ。しかし時代は変わってしまった。

〈図1〉

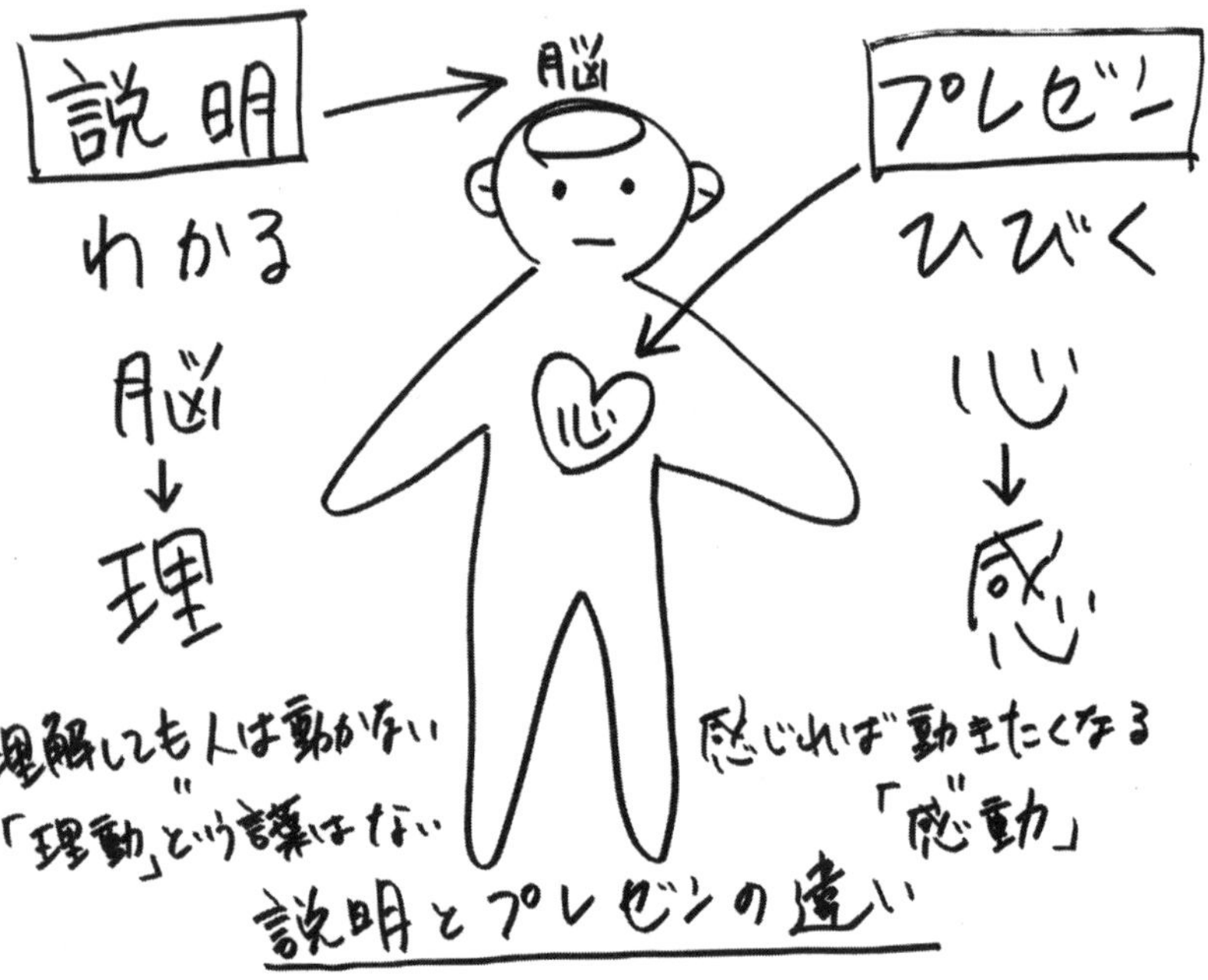
説明
脳
プレゼン
わかる
脳
↓
理
ひびく
心
↓
感
心
理解しても人は動かない
「理動」という言葉はない
感じれば動きたくなる
「感動」
説明とプレゼンの違い

さっと消し、図を書き始める（図1）

桑森　「人間には行動に命令を出すところが二つある。一つは脳だ。じゃあもう一つは？」
柊　「え？」
桑森　「一つが脳で、もう一つは？」
柊　「イエス」
桑森　「お前やっぱり酒飲んできたのか？」
柊　「ノウ！」
桑森　「ふざけてんのかてめえ！」
柊　「ノウ、ノウ！　暴力反対！」
桑森　「じゃあ答えてみろ。脳の他に行動に命令を出すところは？」
柊　「んー、何だろう。脳みそ以外に命令を出すところ……心臓じゃないし、肺、肝臓、腎臓、すい臓……あれ？　すい臓って何するんでしたっけ？」
桑森　「……知らん。ヒイラギ、お前は、恋愛[11]は脳みそでするのか？　恋

11▼脳で恋愛ができる奴がいたとしたら、そいつは恋愛の達人だ！　いや、神様か⁉　あるいは詐欺師だ。

したとき、どこが苦しくなる？」

柊　「え……財布の中身？」

桑森　「そうじゃなくて、この辺り（胸）が苦しくなるだろ？」

柊　「あ、心だ！」

桑森　「そうだ、心だ。ふぅ（ため息をつく）失恋したときだって、頭じゃなくて心が痛むよな？　もし失恋して頭が痛くなったとしたら、そりゃあ、やけ酒の二日酔いだ。つまりだな、脳は理解するところで、心[12]は感じるところだ。そうだな？」

柊　「はい、そうっすね」

桑森　「そこで肝心なのは、脳と心とどっちの命令の方が強いかだ。それが問題だ。脳と心は必ずしも一致しているとは言えない。いや、むしろ逆の場合の方が多いな。例えば脳がイエスで心がノーだったら、行動はどっちに従うと思う？」

柊　「え？　ちょっとややこしいな。ノーがイエスで、イエスがノー？あれ？」

桑森　「ああ、じゃあ恋愛で考えてみろ。頭では、美人じゃないけど真面

12▼この心ってやつが面倒で、わがままで、どうしようもないけど、だから面白いんだ。

目で優しそうなA子ちゃんと付き合った方がいいとわかってるんだけど、心の方は、わがままで苦労しそうだけど美人でボインのB子ちゃんがいいと言ってる。さあどっちと付き合う？」

柊　「迷わずB子！」

桑森「迷わんのか⁉」

柊　「恋愛に迷いなし！」

桑森「迷わないのは、お前の頭が空っぽだからだ！（ため息）まあい、つまり頭より心の方が強いだろ。勉強でもそうだ。頭では今勉強した方がいいってわかってるのに、心はマンガが読みたい、ゲームがやりたいと言って、迷ったあげく、結局脳は心に負けてしまうんだ」[13]

柊　「なるほど」

桑森「それで話を戻すと、説明というのは、何が目的だと思う？　答えは簡単だな。わからせること、つまり理解させることだ。そうだろ？」

柊　「そ、そうっすね」

13▼つまりこれが天使と悪魔の会話ってやつだ。セルフコミュニケーションを磨いていないと、天使は悪魔に負けてしまうのさ。天使は可愛がってやらないと育たないが、悪魔は放っておいても勝手に育つ。基本的に悪いものはたくましくて強い。冷蔵庫の中も放っておけば勝手にどんどん臭くなっていくが、勝手にいい匂いにはなってくれないだろ。

桑森「ということはだ。説明[14]というのは、脳には届いて、わからせるには有効だけど、心には届かない。なぜなら、わかるとかわからないとかいう問題じゃないからだ。心にわかった、なんて表現はないだろ？」
柊「確かに」
桑森「じゃあ心に届いたときは何て言う？　ほら、感動したとき、今の言葉、心に？」
柊「響[15]いた！」
桑森「そうだ！　正解！」
柊「よし！」
桑森「響くのは心で、頭じゃない。もし言葉が頭に響いたとしたら？」
柊「二日酔い！」
桑森「正解！」
柊「キター!!」
桑森「その、心[16]に響かせるためのコミュニケーションスキルのことをプレゼンテーションと言うんだ」

14▼「いいことはわかるけど」と言って、いいことがわかっても買ってくれないのは、決して相手がケチだからなんかじゃない。お前のプレゼンが下手くそで、説明にしかなっていないからだ！

15▼心は「わかる」ところじゃない。五感を通して「感じる」ところだ。理解しても人は動かないが、感じれば動く。その証拠に、感動という言葉はあるが、理動という言葉はない。

16▼心に響くのが上手なプレゼン。給料に響くのが下手なプレゼン。

柊　　「社長、説明とプレゼンテーションじゃあ、大違いっすね」

桑森　「わかってきたじゃねえか」

柊　　「いやあ、社長の説明が上手いからっすよ……ん、待てよ。これは説明じゃなくてプレゼンなのか？　説明？　プレゼン？　ははーん、説明と見せかけて、プレゼン！　（桑森に向かって指さす）」

桑森　「そんなのはどっちだっていいんだよ。それよりいいかヒイラギ。お前はまだ[17]プレゼンの極意を何も身につけちゃいない。ただガッツと根性でひたすら教材の説明をしているだけだ。それじゃあ上手くいかないのも当然だ」

柊　　「桑森社長！　そのプレゼンの極意ってやつを自分に教えてください！」

桑森　「ほう、教えて欲しいのか」

柊　　「はい、ぜひ教えていただきたいっす」

桑森　「辞めるんじゃなかったのか？」

柊　　「[18]はい、辞めるのを止めました」

桑森　「いいのかなあ？　うちは固定給じゃなくて完全歩合給だから、売

17▼プレゼンの極意とは、数学の公式や方程式のようなもの。例えば、三角形の面積を求める方程式一つを知っているだけで、例外なくこの世に存在するあらゆる三角形の面積を求めることができるよね。それと同じように、どんな相手にでも有効な心理学の方程式があったとしたら？　アポイントの取り方、心の開き方、反論の返し方。それが、プレゼンの極意であり、ノウハウである。

18▼ヒイラギの考えが変わったね。つまり、ここまでの会話のやり取りすべてが、説教や説得ではなく、プレゼンテーションということなんだ。

れなかったら給料出ないよ？　無難に時給の仕事探したら？」

柊　「社長！　固定給なんて必要ないっすよ！　これからの厳しい野生のような時代をタフに生き貫くには、完全歩合のセールスしかありません。歩合給の方が儲かるからとか、もうそんな問題じゃないんす。自分は動物園で飼い慣らされた太ったライオンより、痩せても枯れても大草原を駆け回る野生のライオンみたいになりたいっす！」

桑森　「ははは、お前はライオンというより、ピンクパンサー[19]って感じだけどな。まあ、それだけの覚悟ができたなら教える価値もある。それにしてもお前は、俺の若い頃そっくりだな」

柊　「え⁉　桑森社長にも、こんな自分みたいに売れない時代があったんすか？」

桑森　「おいおい、人をスーパーマンみたいに言うなよ。俺だって普通の人間だぜ」

柊　「いえ、みんなが社長は営業の神様だって言うもんすから、てっきり初めからめちゃめちゃ売れてたんじゃないかと」

19▼ピンクパンサーなんて知らない？　ちょっと例えが古かったか？　ピンクパンサーとは、コメディ映画で人気を博したキャラクターで、とぼけた顔したピンク色の豹なんだ。しかし知らないからわからないと甘ったれず、知らなければ想像力を働かせて感じてみろ。わかりたい病になってはセールスの世界で活躍できないぞ。だいたいゴッホの『ひまわり』やピカソの絵を見て何がわかるっていうんだ？　何もわからないだろ？　でも、確かに何かを感じるだろ？

桑森　「俺も初めはお前と同じ、いやお前よりももっと酷かったかもな、おっさんに会うまでは」

柊　「おっさん？」

桑森　「ああ、『ブチョー』[20]というおっさんだ」

「ブチョー」のアクセントは、標準語で発音する「部長」ではなく、「市長」とか「機長」と同じアクセントである

柊　「ブチョー……？　社長より凄い人がいたんですか？」

桑森　「ああ、まさしくあのおっさんこそ本物のセールスの神様だ。あれは俺がお前と同じ二十歳の頃、今から三十年前、まだパソコンもケータイもなかった昭和[21]の終わり、バブル全盛期のことだ」

音楽、『午前3時の街角で』フェードイン
照明、ゆっくりとフェードアウト
宙を見つめる桑森

20▼出ました！　ブチョー！　私が人生でもっとも強烈に影響を受けた人物だと言っても過言ではないだろう。

21▼昭和というとんでもなく面白い時代を、とんでもない感性でぶった切ったエッセイがある。前衛芸術家として活躍した赤瀬川原平の『私の昭和の終わり史』観察することの面白さを教えてくれる。

その桑森を見つめる柊
暗転中、音楽盛り上がってやがてフェードアウト

1▼この物語は、私桑森がマスター・セールスマンと呼ばれるようになっている現在と、まったく売れないへぼセールスマンだった三十年前の出来事を交互に展開していく。最近よく私の講演会場などで「桑森さんは天才だから」とか「桑森さんだか

第一幕　三十年前[1]　第一場

三十年前（一九八〇年代）の夏、暗転の中猛烈なセミの鳴き声カットイン
照明、フェードイン、とある公園
上手下手にベンチ、中央に街灯
上手ベンチに青年時代の桑森[2]、上着は脱いでおり、ネクタイはだらしなく、カバンをベンチに放り出し座っている（役者は一幕の柊を演じた役者が演じる）
下手に段ボールとブルーシートで作ったホームレスの家
その手前のベンチに禿げ頭のホームレス風の中年男が寝ている、実はブチョー[3]（役者は第一幕、現在の第一場の桑森を演じた役者が禿げのかつらを被って演じる）
ホームレス風の男、左目に眼帯をして、背中に大きなこぶがある
観客は、役者の役が変わっていることを知らされないので、

らできるんですよ」とか言われるが、現実のセールスの世界に天才などはいない。誰にだって売れない冬の時代がある。今も昔も天才と呼ばれる人たちは、計り知れない努力を積み上げているんだ。しかし、その努力を誰も見ていないから簡単に天才などと言う。私に言わせれば、「自分にはそんな力はない」と言っている人間は、簡単に得られないものを、いらないものにすり替えてしまう臆病な怠け者だ。

2▼当時の私は、怖いもの知らずの若者で、勢いだけで憧れの東京に出てきた典型的な田舎者だったたな。学歴のない人間が手っ取り早く稼ぐには、セールスの世界は都合がよかった。ところが、そう甘くはなかった。

3▼セールスの世界に天才はいないが、神様はいた。セールスの神様なのに、何で貧乏なホームレスなのかって？　その理由をよく考えた方がいいよ！

一見若き日の桑森のことを、柊だと第一幕第一場の途中まで勘違いするだろう

台詞とともにセミの声フェードアウト

若き日の桑森「あちーっ。マジでやってらんねえなあ。社長の手前頑張りますなんて言ったけど、全然売れる気がしねえし、俺セールスなんか向いてねえし、もう辞めちまおうかなあ」

間

桑森、ベンチにうなだれているブチョーを見ている

桑　森「ありゃあもう死んでるな。この暑さだもんな。あんな人生にだけはしたくねえな。つっても俺も金はねえし、未来も見えねえし、今さら田舎にも帰れねえし、借金地獄で今月の家賃も払えねえし、完全歩合給[4]のセールスの仕事で一発逆転のはずだったのに、

4▼完全歩合給、つまりフルコミッションセールスのことで、通称フルコミと業界では呼んでいる。当時は現在ほどセールスに関する法律が厳しくなく、訪問販売やキャッチセールスなどフルコミの仕事が山ほどあった。もちろん固定給がないので、売れなければ給料はない。ないどころか交通費やお茶代など、雑費はすべて自分持ち。だから実力のない者はセールス業界から去っていくが、それこそが自然界の正しい姿であって、固定給なるものが人間を甘やかし、平和ボケさせてしまった元凶ではないかと私は思っている。

まったく売れねえしなあ、確率から言うと俺もああなる方が高いか」

間

桑　森「ま、とりあえず……アイスでも買ってくるか。♪ガ[5]ーリガーリーくーん」

ブチョーの前を通り過ぎたとき

ブチョー「ビーール」

桑　森「ひえっ！　生きてんのか！　ビックリしたなあ、おどかすなよ、おっさん」

立ち去ろうとする桑森

5▼この時代にガリガリ君のCMはまだやっていない！　などとツッコんではいけない。芝居の演出なのだから、言葉の正誤よりも物語の本質に集中すべし！

ブチョー「ビーーール」
桑　森「は？　何だよおっさん。何か言ったか？」
ブチョー「ビールおごってくれぇ」
桑　森「はあ？　何言ってんだ、クソじじい！　何で俺があんたにビールおごんなきゃいけねえんだ」
ブチョー「暑いんじゃよぉ、喉がカラカラなんじゃよぉ、だからビールをおごってくれぇ」
桑　森「そういうこと聞いたんじゃねえよ！　ぶっ飛ばすぞ、こらあ」

桑森、ブチョーの胸ぐらをつかんで突き放す
ブチョー、ベンチから転げ落ちる
ブチョー、背中の大きなこぶが目立つ

ブチョー「やめてくれぇ、腹は殴らないでくれぇ、背中はもっとやめてくれえ、尻をやってくれぇ！　尻[6]なら構わん、でん部を殴ってくれぇ。ホレ！」

6▼人生をドラマチックに生きていると、時には人から妬まれ、恨みを買うこともある。もし突然ナイフを持った人間に襲われたら⁉　と、シミュレーションしてみる。どこを刺されるのが一番ダメージが少ないか？　親友の岡野と考えた結果、一番ダメージが少ないのが尻だった！

桑　森「冗談じゃねえよ、まったく」

ブチョー、去ろうとする桑森の足にしがみつく

ブチョー「待ってくれぇ、行かないでくれぇ」
桑　森「うわあ、やめろじじい！　離せよ！」
ブチョー「頼むぅ[7]、行かないでくれぇ、話を聞いてくれぇ、一分でいい、わしの話を聞いておくれぇ」
桑　森「わかった、わかった、聞くから離せよ！」

ブチョー、足を離す

桑　森「で、何だよ話って？」
ブチョー「ビールをおごってくれ」
桑　森「ふざけんな、じじい！　ぶっ殺す！」
ブチョー「やめてくれぇ、蹴らないでくれぇ、背中だけはやめてくれぇ、蹴

7▼昨今、基本的にこの執拗さが日本人のセールスマンに欠けている。アフリカでも中国でもインドネシアでも、千円稼ぐために、彼らは何度断っても必死に喰らいついてくる。セールスマンの仕事は、買ってくれそうな人を探すことではない。売ることだ！　その原点を忘れてはならない。

るなら尻にしてくれぇ」

桑森「（あきれて、ちょっと笑っちゃいながら）何なんだよ、おっさん？　そんなにビールが飲みてえのか？」

ブチョー「（突然キャラが変わる）[8]おい、若けぇの。おめえ、セールスマンじゃろ？　そうじゃろ？　わしにはわかる」

桑森「うっ、そうだけど、それがどうしたってんだ」

ブチョー「なかなかいい目してるじゃねえか。なあ、いっちょうわしと組まねえか？　なあに、組むったっておめえ、何も漫才でもやろうってんじゃねえんだ。おめえさん、一流の、いや超一流のセールスマンになりたくねえか？」

桑森「おっさん何言ってんだ？」

ブチョー「[9]わしが指導してやれば、おめえさんならすぐにでも世界一になれらあ。なあ、悪い話じゃねえだろ？」

桑森「（独白）何なんだこのおっさん、気でも狂ってるのか？　いや、ちょっと待てよ……今はわざとこんな格好をしてるけど、ほんとはこのおっさん……俺を試すために……そうか、そうに違いね

8▼追いかけた相手が振り向いた瞬間、つまり餌に喰いついた瞬間、エネルギーを変えて主導権を握る。これがプロの技だ。このホームレスが只者ではないことが、たったこれだけのことでわかる。へぼは、相手が振り向いてくれると、さらにへりくだって主導権を相手に取られてしまう。大事なのは、どっちが主導権を握るかなのだ。

9▼もし自分の人生において、こんな場面があったら、あなたならどうする？　無難な人生がお好みなら、さっさとその場を去ることだ。しかしドラマチックに生きたいのなら、巻き込まれてみるのも悪くない。騙される確率の方が圧倒的に高いが、当たったときの配当はでかい

え！（ブチョーを見て）なあ、あんた、ホントは神様だろ？」

ブチョー、意外な言葉に絶句する

やがてゆっくりと大袈裟な顔と声色で

ブチョー「なーぜーわかった⁉」

桑　森「……」

ブチョー「よーくーぞー見破った小僧」

桑　森「……んなわけねえか。あほらし」

ブチョー「（やくざ風に）おい、こら！　ちょっと待てい！」

桑　森「なんかキャラが変わってきたぞ」

ブチョー「[10]じゃあ、こうしようじゃねえか。おめえさんがビールをおごってくれたら、わしはおめえさんにとって絶対に役に立つセールスの極意を一つ教えてやろう」

桑　森「セールスの極意？　おっさんが？」

ブチョー「まあ、信じるか信じないかは、おめえ次第じゃ」

ぞ。私は当時から「いっちょ騙されてみるか！」と話に乗って、どっちに転んでも笑えるようなメンタルでありたいと思っていた。しかし「トラブルに巻き込まれてはいけない、騙されてはいけない、損をしてはいけない」という条件反射的な思考回路では、人生に深みがなくなってしまう。騙されたっていいじゃない。「信じるな、疑うな。確かめろ！」この価値観で生き貫け！

10▼本来ならお願いをする場面なのに、あくまでも主導権を渡さず、強い立場で交渉に持ち込もうとする。いい人に見られたい人間にはこれができないんだよね。いい人に見られて何を得するというのか？　どこかの国の大統領や、最高指導者を見よ！　いい人に見えるか？　きっと本人もいい人に見られたいなんて、一ミリも思っていないぞ！

桑　森「ふっ、おっさんよぉ、俺の今の全財産は千円だ。これ一枚で終わりよ。俺は確かに高卒の間抜けかもしれねえけどなあ、なけなしの金をみすみすドブに捨てるようなアホじゃないんだよ。悪いなおっさん。あばよ」

桑森、下手に去る

ブチョー「待て[11]、待て、待つんだジョー！」

ブチョー、桑森が去った後をしばらく見つめる

ブチョー「あー、行っちまったか。何てこった。やっと見つけたと思ったら……あいつはホントにどうしようもねえ大間抜け野郎じゃ」

日が暮れてくる
上手から警官（ホンカン）がやってきて、ブチョーに近づく

11▼随所に漫画『あしたのジョー』が登場するが、漫画だと思って侮ってはいけない。『あしたのジョー』は、ただのスポ根漫画ではない。矢吹丈や力石徹の生き方は武士道を貫いており、物語全体を通して人間の心理に鋭く迫る、素晴らしい哲学書でもある。一生に一度は読むべし。

ブチョーは気づかない

ホンカン「あー[12]、ちみちみ。ちょっと」
ブチョー「うわあ！　殴らないでくれぇ、背中と腹はやめてくれぇ、尻を殴れぇ、でん部じゃ、そこを狙ってくれぇ」
ホンカン「あー、殴ったりすないから、落ち着いて。なんか怪すうなあ。ちみ、仕事《すごと》は？」
ブチョー「いやあ……」
ホンカン「じゃあ、住所《ずうしょ》は？」
ブチョー「いやあ……」
ホンカン「ますます怪すうな」
ブチョー「おお、おめえさんひょっとして警察官じゃねえか？　そうじゃろ？　わしにはわかる」
ホンカン「はあ？　誰が見てもお巡りさんでしょ！　ちみはホンカンをおちょくっとるのかね？」
ブチョー「お、おめえさん、なかなかいい目してるじゃねえか。じゃあ、

12▼東北の人からしてみれば、東北弁を馬鹿にするなと叱りたくなるかもしれないが、どこか東北にありそうな架空の方言でいい。例えば、サザンの英語っぽく聞こえる日本語のように、田舎の方言に聞こえることが大事である。むしろ演じる役者のセンスの問題なのだ。

ビールおごってくれぇ」
ホンカン「どんな理屈じゃ！」
ブチョー「いいじゃねえかお巡りさん、市民が困っとるんじゃ。ビールおごってくれぇ」
ホンカン「ちみねぇ、あんまりすつこいと逮捕しちゃうよ」
ブチョー「ああ、逮捕は勘弁してくれぇ。逮捕するなら尻だけにしてくれぇ。その代わりビールおごってくれぇ」
ホンカン「こりゃあ、イカれちまったかなあ。可哀想《かわいそう》に。あー、それよりだねえ、この辺最近おやず狩りが連続してるから気をつけなさいよ。ちゃんと帰るとこあるのかね？　なかったら後で交番に来られんしょ。わかったかね？」

ブチョー、ずっと小さな声で「ビールおごってくれぇ、喉が渇いたんじゃ、ビールが飲みたいんじゃ」を繰り返している
ホンカン、上手に去る

ブチョー「ああ、行っちまった。どいつもこいつも行っちまいやがった」

ブチョー、力なくベンチに腰掛ける

下手から桑森戻ってくる

桑　森「よお、おっさん」

ブチョー「ああ？　何でぇ、さっきの若造じゃねえか。どうした、おめえも帰る場所がねえのか？」

桑　森「そらよ！」

桑森、缶ビールをブチョーに投げて渡す

ブチョー「おお！　おめえ、こりゃあ、ビ、ビールじゃねえか！　いってえどうしたんじゃ！　なけなしの金じゃあなかったのか？」

桑　森「なあに、一寸の虫にも五分の魂[13]ってな。全財産千円しかなくったってビールぐらいおごってやれらあ。じゃあ達者でな」

13▼武士道でいうところの「仁」。つまり、武士の情けってやつだな。生き方に美学がなければ武士道ではない。なけなしの金でも、人におごってやるくらいの心のゆとりがあれば、人生は愉快だ。

ブチョー「ちょ、ちょっと待て若造！」
桑　森「何だよおっさん、今度はつまみをおごれってんじゃねえだろうな」
ブチョー「そうじゃねえ。おめえ、こんなホームレスのためになけなしの金でビールをおごってくれたんじゃ。嬉しいじゃねえか。じゃあ約束通りおめえさんにとって絶対に役に立つセールスの極意を一つ教えてやろう」
桑　森「ははっ、いいよおっさん。俺はもうセールスなんか辞めるんだ。明日から住み込み[14]で働ける工事現場でも探すさ」
ブチョー「何！　セールスを辞めるじゃと⁉」
桑　森「な、何だよ。おっさんに関係ねえだろ」
ブチョー「でも、まだ辞めるって言ったわけじゃねえんだろ？　だったら、明日一日、明日一日だけ頑張ってみろ！　わしが伝授するトークを使ってやってみるんじゃ。それから辞めたって損はねえだろ」
桑　森「何だよおっさん。本気で言ってんのか？」
ブチョー「ああ、本気も本気よ」

14▼金もない、学歴もない、コネもない。あるのは借金だけ。この時代そんな人間が金を稼ぐには、水商売かフルコミのセールスか住み込みの工事現場と相場が決まっていた。住み込みの工事現場のいいところは、生活費がかからないから働いた分だけ金が貯まる。しかしどんな世界にも落とし穴があるもので、結局は酒かギャンブルか女につぎ込んで、そこから抜け出せなくなるのが落ちだった。

桑　森「何だいそのトークってのは？　魔法のトークでもあるっていうのか？」

ブチョー「ある」

桑　森「は⁉　こいつは驚いた。ビールも買えねえあんたが俺に魔法のセールストークを教えるって？　笑わせるねえ」

ブチョー「[15]おめえ、何を売ってる？」

桑　森「しつこいなおっさん。だからもういいんだよ」

ブチョー「いいからわしの質問に答えろ！　何を売ってんだ⁉」

桑　森「はいはい、教材だよ。受験用学習教材。あんたや俺みたいにならねえように、大学に行くための勉強道具を売ってるんだよ。な？　高卒の俺や、ましてやホームレスのおっさんには縁もゆかりもない商品ってわけさ」

ブチョー「なるほど、教材ねえ。訪問販売か？」

桑　森「何だよ、今度は尋問か？　ああ、そうだよ。訪問販売だ」

ブチョー「飛び込みか？　それとも電話でアポイントを取ってから行くのか？」

15▼さあ、ここからは若き桑森の価値観を変えるための、おっさんのプレゼンだ。話の内容で説得しようとしても聞くわけがない。だからエネルギーで勝負だ。演じる役者の力量が問われるぞ。相手の心を動かす迫力で圧倒してくれ！

桑森「何だよ、気持ち悪いな。やけに詳しそうじゃねえか。もしかしてセールスやったことあんのか？」

ブチョー「いいから答えろ！」[16]

桑森「ふっ、一応アポイント取ってから訪問するけど、ダメなら近所で飛び込みもするさ」

ブチョー「明日のアポは入ってるか？」

桑森「明日？（手帳を開いて）えーっと、明日は日曜か。まあ、一時と四時にアポは入ってるけど、どうだかなあ。今日だって結局門前払いみたいなもんだ」

ブチョー「ふん、そりゃあおめえ、無理やりアポイントにしてるからじゃろ。インターホン越しに、『やっぱり子どもが興味ないって言ってるから説明は結構』とか言われたか？」

桑森「知ったような口利くじゃねえか。じゃあ、おっさんの魔法のトークとやらでそこからドアが開けられるっていうのか？」

ブチョー「ああ」

桑森「何だとぉ⁉……クソじじいめ」

16▼この台詞は、心理学的に重要である。相手の質問には答えず、自分の質問に相手を答えさせる。これを何度か繰り返すと、相手の心理に「ブチョーは質問する人、自分は答える人」という役割が刻み込まれる。主導権を取るやり方の一つなのだ。

ブチョー「教えてやってもいいぞ」
桑　森「く……」
ブチョー「さあ、どうする坊や」[17]
桑　森「ふっ、俺はおっさんにビールをおごってやったんだ。まあどうせインチキだろうけど、その魔法を聞く権利が俺にはあるってことだ。そうだろ？　さあ、聞いてやるぜ。言ってみろ、おっさん」[18]
ブチョー「……ちょうどよかった」
桑　森「何がちょうどいいんだ？　いいから早く教えろよ」
ブチョー「ちょうどよかった」
桑　森「ふざけんなじじい！」
ブチョー「だから、ちょうどよかったって言ってみろってんだ」
桑　森「へ？　ちょうどよかった？　それが魔法の言葉？」
ブチョー「ああ」
桑　森「あははは。はー！　こいつは驚いた。『ちょうどよかった』これが魔法の言葉！　まんまと一杯食わされたぜ」
ブチョー「まあ、実際やってみたらわかるさ」

17▼完全に相手を舐め腐った言い方。圧倒的な力の差を感じさせている。マフィアのボスのように、静かに凄め！

18▼負けを認めたくない若き日の私は、正論で強がるのが精一杯だ。

桑　森「おっさん、ほんとにイカれてるな。ちょうどよかったって言ったら、何がちょうどいいのよ！　って返ってくるだろ。そのあとは何て言い返すんだよ？」
ブチョー「そのあとはおめえさんが考えるんじゃな」
桑　森「けっ、やっぱりインチキかい！　何が魔法の言葉だ。このペテンホームレス！」
ブチョー「ペテンじゃねえ」
桑　森「じゃあ、証拠を見せてみろ」
ブチョー「そんなもんはいらねえ。やってみたらわかるさ」[19]
桑　森「はあ、そらみろ！　やっぱりインチキのでたらめじじい！　悔しかったら証拠を見せてみろ！」
ブチョー「ピンポーン（インターホンを押す真似）」
桑　森「何だよ、今度は？」
ブチョー「ピンポーン（手で桑森にカモン、カモン）」
桑　森「……」
ブチョー「ピンポーン、ピンポーン、ピンポーン」

19▼ここで詳しく解説をしないところが超一流。二流三流はとにかく解説したがる。解説してやると、結局話だけで満足させてしまう。解説されないからこそ確かめてみるしかなくなるのだ。

桑　森　「（突然お母さんの声で）はい、どちら様？」
ブチョー「あのー、学習教材のニコニコ研究社です」
桑　森　「ああ、悪いけど子どもがやっぱり興味ないって言うのよ。だから今日の説明は結構です。ごめんなさいね」
ブチョー「ああ、お母さんちょうどよかった」
桑　森　「何がちょうどいいのよ！」
ブチョー「[20]いやあ、実はそういう興味がないお子さんに渡す資料をちょうど持ってきていますので、ちょっと開けてもらってもいいですか？うちに興味がなくても受験にはすごーく興味が出ちゃう資料なんですよ。実は、受験っていうのはいろいろ有利になるテクニックがあって、そういうのは、学校だけではなかなか知ることができないんですよね。よかったら、資料だけ差し上げますよ」
桑　森　「う……。（悔しそうにブチョーの顔を見る。どや顔のブチョー）まあいいや。どうせ俺には関係ねえや。確かに暇潰しにはちょうどよかったよ。世にも馬鹿げた話をありがとさん。じゃあ、俺は行くぜ」

20▼解説をする代わりに実践して見せる。タネがわからない手品と同じで、ますます惹きつけられる。

ブチョー「おい、若けぇの。おめえさん、名は何て言うんじゃ？」
桑　森「俺か？　名前なんか聞いてどうすんだ？」
ブチョー「いいから、言ってみろ」
桑　森「俺は桑森[21]、桑森正春だ。おっさんは？」
ブチョー「わしは、（ニヤリとして）ブチョーじゃ」
桑　森「ブチョー？」
ブチョー「ああ、ブチョーじゃ」
桑　森「そうかい。じゃあ、ブチョー、達者でな」
ブチョー「ああ、しっかりやれ、桑森。どうせまた会うことになるがな」
桑　森「もう二度と会わねえよ、あばよ」

桑森、上手に去る
黙って見送るブチョー
完全に日が暮れる
街灯の明かりが心細く点く
ブチョーの姿はもう見えない

21▼このシーンで観客は、若者が柊ではなく、若き日の桑森であることに気づく。

暗闇の中、プシュッと缶の開く音

ブチョーの声「ゴクゴク、ああうめえ、生き返る、ゴクゴク」
少年Aの声「何だ何だこのじじい、ビールなんか飲んでんぞ！」
少年Bの声「ちっ、生意気な！　やっちまえ！」
ブチョーの声「や、やめてくれぇ！　腹はやめてくれぇ！　せめて、ビール飲み終わるまで待ってくれぇ！」
少年Cの声「何だこの背中のでけえこぶ！　何が入ってんだ！」
ブチョーの声「ああ、背中はもっとやめてくれぇ！　尻を殴れぇ、ひえー」

ボコボコと殴られる音、悲鳴
暗転
音楽[22]
翌日、照明フェードイン
交差するように音楽フェードアウト

22▼『イムジン河』ザ・フォーク・クルセダーズ。一九六八年政治的配慮から発売日前日に発売中止となった名曲。その後、三十年以上の歳月を経てシングルCDとして発売された。

公園、雀の鳴き声[23]
下手のベンチの下にうずくまっているブチョー
段ボールの家が壊され、段ボールの残骸
上手から桑森、ビール一ケース抱えて登場

桑　森　「おーい！　おっさん！　ブチョー！」

桑森、キョロキョロ探すがブチョーを見つけられない

桑　森　「あれえ、おっかしいな。確か昨日はここにいたはずなのに。今日はあっちか？　おーい、ブチョー」

桑森、いったん下手に去るがまた現れる

桑　森　「どっか別の公園に行っちまったか？」

23▼カラスが鳴けば夕方、フクロウなら夜、雀が鳴けば朝。誰に習ったわけでもないのにそれだけで時刻がイメージできる。それが効果音の力なのだ。だからプレゼンの上手い人間は、擬態語や擬音語を頻繁に使う。

桑森、ブチョーがうずくまっているベンチの上に、ドカッと腰掛ける

ブチョー「あーーー」

桑　森「ん？　おっさんの声か？　（振り返る。でも誰もいない）気のせいか」

ブチョー「あーーー」

桑　森「ん！　確かに聞こえたぞ。（キョロキョロ探す。でもいない）やっぱ気のせいか」

ブチョー「うあーーー」

桑　森「気のせいじゃねえな。おっさん、どこにいるんだ？　ブチョー、出てきてくれ！　（あちこち探すがいない）どうなってんだ？　（もう一度ベンチに腰掛ける）木の上にもいねえ。噴水の中でもねえし。草むらにもいねえ。まさかベンチの下にいるはずはねえし、弱ったなあ」

ブチョー「バカァ！　そのまさかのベンチの下じゃ！」

桑　森「おおー！　何やってんだ、おっさん！　ずいぶんな寝ぐらだな」

ブチョー「いいから、引きずり出してくれ」

桑森、ブチョーをベンチの下から引きずり出す

桑　森「ボロボロじゃねえか、いったい何があったんだ？」

ブチョー「[24]まあいろいろあってな。なあに、大したことはねえ。よくあるこった。それよりおめえこそどうした？」

桑　森「あ、ああ。おっさん、いやブチョーさんよ、俺をあんたの弟子にしてくれ。頼む」

ブチョー「ほお、これはまたどういう風の吹き回しじゃ？　おめえさん、ホームレスになりてえってのか？」

桑　森「からかうなよ、おっさん、いやブチョー。俺にセールスの極意を教えてくれ！　この通りだ（土下座する）」

ブチョー「ほお、こいつは愉快じゃ。つまり、何だ、昨日教えたトークでうまくドアが開いたってわけか」

24▼何があっても被害者ぶらない生き方。見た目は汚いおっさんなのにカッコいいねえ！　これはセルフコミュニケーションの中でも一番重要な解釈力によるものだ。解釈が浅い者は、すぐに被害者ぶる。しかし解釈力を深めた人生の達人は、すべてが自己責任。自立するとはそういう生き方ができることを言うのだ。

桑　森「開いた！　二軒とも開いたんだ。何でなんだ！　『ちょうどよかった』って言っただけで、何でドアが開くんだ？　教えてくれ！」

ブチョー「ふん、で契約は取れたのか？」

桑　森「いや……契約にはならなかった。でも、普通なら完全に門前払いのケースが二軒ともドアが開いたんだ。まるで魔法を見てるようだった。なぜなんだ。ほんとに俺は魔法を使ったのか？」

ブチョー「心理学じゃ[25]」

桑　森「心理学？　何だいその心理学ってのは？」

ブチョー「桑森、おめえ脚気《かっけ》の検査やったことあるか？」

桑　森「脚気？　あ、ああ。ここんとこを（膝を指す）叩くと、膝がぴょこんとなるアレか」

ブチョー「そうじゃ。体[26]にツボがあるように、心にもツボがある。心理学ってぇのは、その心のツボを押すコツのことじゃ」

桑　森「それだ、それを教えてくれ。何で簡単にドアが開くのか、その理由が知りてえんだ」

ブチョー「理由なんかどうだって、ドアが開いたんならそれでいいじゃねえ

25▼完全に相手を惹きつけたところで、今度は腑に落としてやるために解説をする。ポイントは論理的に話してやることだ。

26▼腑に落とすためには、適切な例え話が有効である。とっさに絶妙な例え話が出てくるためには、雑学が必要だ。日頃から意識して、本や新聞をよく読め。いろんな映画を観ろ。しかし、食べ物と同じで、自分の好きなものばかりじゃなく、人に勧められた本や映画を観ることが大事だ。

か」
桑　森「そうはいかねえよ、おっさん、いやブチョー。なぜその台詞なのかっていう真髄が大事なんだ。俺はそれを知りてえんだ」
ブチョー「生意気なこと言うじゃねえか。だがな桑森とやら、トークは教えてやっても、その原理は教えられねえな。マジシャンが手品を見せてもタネまでは教えねえのと同じじゃ。お願いすれば何でも教えてくれると思ったら大間違いじゃ、小僧」
桑　森「いいじゃねえか、ケチケチすんなよ」
ブチョー「ダメじゃ」
桑　森「どうしてもダメか？」
ブチョー「どうしてもダメじゃ」
桑　森「そんなこと言わないでくれ。何[27]もタダで教えてくれってんじゃねえんだ。ほら、ビール一ケース二十四本ある。これで俺を弟子にしてくれ！」
ブチョー「桑森！」
桑　森「な、何だよ。ビールじゃ買収されないってか？」

27▼タダで教えてもらったものには価値がない。代価を払って初めて価値が生まれるんだ。このことがわからない限り、貧乏というカルマからは一生逃れられない。

ブチョー「お前は見込みがある」
桑　森「え！　じゃあ、教えてくれるのか⁉」
ブチョー「ああ、弟子にしてやろう。ただしこのビールが尽きる前に新しいビールを補充することが条件じゃ。ビールが尽きたら即破門。ビールの切れ目が縁の切れ目ってわけじゃ。いいな」
桑　森「わかった。何とかする」
ブチョー「それから弟子は師匠に対して絶対服従じゃ」[28]
桑　森「わ、わかった。いやわかりました！」
ブチョー「じゃあ、とりあえずありったけの段ボールを集めてこい」
桑　森「え、何するんだ？」
ブチョー「おめえだって寝ぐらが必要じゃろ？」
桑　森「ね、寝ぐら？　俺もここで暮らすのか⁉」
ブチョー「何言ってんだ。おめえ、昼間は会社があるんじゃろ。じゃあ修行は夜中しかねえじゃろ。それにおめえがいりゃあ、オヤジ狩りにも……」
桑　森「う、でも……」

28▼師匠は絶対的な存在である。雨は天から地に降り注ぎ、川は上流から下流に流れる。その逆はありえない。オーケストラにおける指揮者は絶対であり、演劇における演出家は絶対である。その秩序が守られなければ、その作品に価値はなくなってしまう。だからこそ上に立つものには人格が問われるのだし、自分に対してもっとも厳しくあらねばならないのだ。

ブチョー「つべこべ言ってねえで、言われた通りにやれ！」
桑　森「は、はい！」
ブチョー「あー、ちょっと待て。その前に（ビール）こいつを噴水のところで冷やして来い」
桑　森「了解です！」

桑森、下手に去る

ブチョー「ふふふ、ははは、あははは、うひゃひゃひゃひゃ」

暗転
音楽[29]、カットイン

29▼吉田拓郎『今日までそして明日から』　上京したての頃、拓郎もよく聞いたなあ。『祭りのあと』『人生を語らず』『落陽』『流星』　心に沁みるんだよな。この芝居の場面転換用の音楽は、台本に書かれてるもの以外は、基本的に自由である。しかしこの芝居に流れるエネルギーに合う音楽は、昭和歌謡がベストだ。使い古された鉄鍋のように、情が染み込んでいる。注釈の中で、私が推薦する曲を載せておこう。

第一幕　現在　SCENE2（幕前）

役者、一幕の桑森と柊に戻って幕の前に現れる
音楽、カットアウト
スポットライト

柊　「へぇえ、それが社長とブチョーの出会いだったんすか？」
桑森　「そうだ」
柊　「じゃあ、もし、社長がそのときブチョーに出会わなかったら？」
桑森　「ああ、たぶんこの会社もなけりゃあ、ヒイラギ、お前とも出会ってないだろうな」
柊　「ひえー、やっぱりそうなりますか」
桑森　「今じゃあ、俺がセールスをやってないなんて考えられないけどな。人生なんて不思議なもんだ。何やってもダメだった俺が、[1] あのときあのタイミングでセールスとブチョーに出会ったから俺の人生が動いたんだ。セールスでもブチョーでもどちらかが欠けて

1▼人生において誰と出会うかは重要だ。しかし、物理的にただ出会うだけではダメだ。同じ担任の先生のクラスメイトでも、先生との出会いで運命が変わる奴もいるし、まったく変わらない奴もいる。人との出会いによって影響を受けたいのであれば、出会った相手の価値観を深く自分に取り入れることだ。相手の価値観は、菌と同じで、悪い菌なら次第に自分は腐っていくし、良い菌なら発酵する。逆もまた真なりで、自分も相手に影響を与えているのだ。あなたの子どもや、あなたの部下は、間違いなくあなたの価値観という菌によって運命が変わる。あなたの価値観が腐ってるなら、間違いなくあなたはバイ菌を撒き散らかしている。「不機嫌」というバイ菌や、「ため息」という毒ガス。さらには「不平」「不満」「嫌味」「ひがみ」……恐ろしいね。

いたら俺の運命は変わらなかったな」

柊　「運[2]がよかったんすね」

桑森　「運か。まあそうかもしれんな。人生は無限にある選択肢の中から常に一つを選びながら進んでいくようなもんだからな」

柊　「そうっすよね。でもどうして社長は、ブチョーにビールを買って戻ってきたんすか？　自分ならビールなんておごってやらないっすよ」

桑森　「勘[3]だな」

柊　「勘すか？」

桑森　「勘は大事だぞ。理屈じゃなくて勘だ」

柊　「あ、だから勘ビール（桑森を指さす）」

桑森　「全然違う。いいか普通はな、選択肢がいくつかあるとたいてい一番無難な道を選ぶだろ？　俺は違う」

柊　「何を選ぶんすか？　楽な道っすか？」

桑森　「それは一番ダメな道だ。楽[4]した先には必ず苦しみがある。しかも楽をした分のツケが溜まるから相当な苦しみだ。それが自然界の

2▼運をよくすることは難しい？　いやいや、運は誰でも簡単によくすることができる。例えば、お腹を空かせている子どもにあなたが自分のパンを分けてあげれば、ほら、その子はきっと運がいいと思うでしょ？　自分の運は自由に変えられなくても、人の運をよくすることは誰にでも簡単にできるんだ。これを屁理屈だと言うのなら、あなたは相当ヤバい。

3▼これからの時代は、頭ばかり鍛えるのではなく、勘を鍛えるべきだ。人間は文明の発展と引き換えに、直感力という物凄い能力を退化させてしまっている。勘を働かせるには、自然に逆らわず生きることだ。エアコンなんか切っちまえ。季節のものや土地のものを食え。裸足で土を踏め。夜中にエアコンの効いた部屋でポテチ食いながらコンピューターゲームばかりやってたら、勘は死滅するぜ。

4▼楽の先には苦がある。逆に

法則だ」

柊　「え？　じゃあ何すか？」

桑森　「俺はな、一番面白そうな道[5]を選ぶのさ。無難でもない、楽でもない、正しいかどうかでもない。大変かもしれないし、損するかもしれないけど、面白い。ドラマになる。家賃もないし、財布に千円しかない。でも、ホームレスのじじいに缶ビールをおごってやる。面白いだろ」

柊　「へぇぇ、なるほどねぇ。じゃあ、出来の悪い新人に焼き肉をおごってやる！　これ、面白くないっすか？」

桑森　「面白くない！」

柊　「ええ？　だって出来のいい部下におごってやるなんてのは、普通で面白くないじゃないっすか。でも出来の悪い部下におごってやるのは面白いじゃないっすか？」

桑森　「お前何言ってんだ？　いいか、それは面白いことじゃなくて無駄なことだ。特上の牛肉を買ってきて、食べる前にトイレに流して、それを面白いと言えるか？　言えないな。だってそれは無駄

苦の先には楽がある。これは宇宙の法則であるから、誰も背くことはできない。

5▼面白そうな道とは、今は厳しく大変そうな道のことだ。人生の道に迷ったら、迷うことなく厳しい方にGOだ！　それを面白いと思えれば、必ずその先には楽しいことがやってくるのさ。

なことだからな。それと同じで出来の悪い部下に焼き肉をおごってもちっとも面白くはない。逆に出来の悪い部下が、金もないのに社長に焼き肉をおごるってのは面白いぞ！」

柊　「いや、それはちょっと……」

桑森　「屁理屈[6]で俺を言い負かそうなんて百年早いぞ」

柊　「そ、そうっすね。……ところで、そのあと話はどうなったんすか？」

桑森　「ああ、もちろんこの話には続きがある。そしてこの話は、これからが面白いんだ！」

桑森、にやりと笑って照明カットアウト
音楽[7]、カットイン

6▼プレゼン力を鍛えるには、屁理屈も重要だ。物事を俯瞰して考える訓練になるし、ロジックも強くなる。あえて自分の価値観とは逆のことを屁理屈で言ってみよう。例えばタバコが嫌いな人は、「むしろタバコを吸った方が健康的だ」という理由を屁理屈で言い続けるのだ。

7▼浜田省吾『路地裏の少年』浜田省吾のデビュー曲だ。いいねぇ。「訳もなく砕けては、手のひらから落ちた」。痺れるフレーズだね。でもね、いつまでも観客ではいられない。素敵な音楽に痺れるように、てめえの人生にも痺れてみろ！

第一幕　三十年前　第二場

照明、フェードイン
音楽、フェードアウト
公園、夜
上下のベンチの後ろに段ボールの家、中央に段ボールで作ったセミナールーム、ホワイトボードまである
桑森、中央の机で居眠り
ブチョー、下手の段ボールの家から、カランカランを鳴らしながら軽快に出てくる

桑　森「うわー（飛び起きる）」
ブチョー「はい、休憩終わり。起立、礼、では二限目始めまーす」
桑　森「あちゃー、もう休憩終わりかよ。ハードだな」
ブチョー「じゃあ、一限目の説明とプレゼンの違いはよくわかったかね？」
桑　森「ああ、よくわかった……ような……気がする」

ブチョー「気がするじゃと？　ちっ、じゃあ『説明』[1]の目的は？　言ってみろ」

桑　森「えーっと、理解させて……わからせること……だろ？」

ブチョー「ふむ。『プレゼン』[2]の目的は？」

桑　森「相手の心に響かせて、価値観に影響を与えたり……価値観を変えさせたりすること？」

ブチョー「つまり？」

桑　森「いらないと言ってる相手に、商品の良さをわからせて契約を迫るのではなく、価値観を変えて『いらない』を『欲しい』にすること！」

ブチョー「おー！　その通りじゃ！　桑森君、飲み込みが早いじゃねえか。じゃあ、なぜ商品の良さをわからせて契約を迫ってもダメなのか？」

桑　森「そりゃあ、だって、ブチョーがそう言ったから……」

ブチョー「あー、残念。それじゃダメじゃ。ちみはまだそのことが腑に落ち[3]とらんようじゃな。わからせても人の価値観は変えられないとい

1▼説明が悪いと言ってるんじゃない。という説明を今からする。いいか、目的によっては説明が大事だったり、プレゼンが大事だったりするということだ。パソコンの使い方がわからない人には説明が必要で、パソコンなんか嫌いだと言ってる人にはプレゼンが必要だと言っているのだ。わかったね？

2▼心に響かせるには、心理学とそれからもう一つ、表現力が大事なポイントになる。怒りながら言う「ごめんね」と、悲しそうに言う「ごめんね」と、嬉しそうに言う「ごめんね」では、意味が全然違ってくると思わないか？

3▼腑に落ちてないノウハウは、何の役にも立たない。たまたまうまくいったとしても、いつか大怪我をすることになる。根拠のないウマい儲け話などは典型的だ。

うことを、何か実体験を通してちみ自身、腑に落とすことが大事なんじゃ」
桑　森「実体験ねえ」
ブチョー「例えば、ほれ、小学生の頃、学校から帰って来てすぐに遊びに行こうとすると、母親に叱られたじゃろ？」
桑　森「よく知ってるな、うちのおふくろのこと」
ブチョー「おめえを見てりゃ、知らなくてもわかるわい。よし、その場面をやってみよう」

漫才のように

桑　森「オーケー。（玄関を開ける真似）ガチャ、ただいまー！　ランドセル、ぽいっ。健太くんち、行ってきまーす」
ブチョー「待ちなさい正春。宿題は？」
桑　森「ああ、後でやるよ」
ブチョー[4]「あんた何回言ったらわかるの！　帰ってきたら先に宿題やりなさ

4▼こりゃあ悪い叱り方のお手本だな。正論で頭ごなしに裁く。言ってることは正しくても、これじゃあ聞いてる方はカチンときて、反発したくなるね。だからコミュニケーションスキルはすべての人に必要なんだ。今からでも習うしかない。

いって言ってるでしょ！　先にやらないから忘れてまた学校で叱られるのよ」

桑森「うっせえなあ。わかってるよ。ちゃんと寝る前にやるって言ってんじゃん！」

ブチョー「ほい！　出ました！」

桑森「あ！」

ブチョー「正春君は結局、わかったから、遊びに行くのを止めて宿題を先にやったのかなあ？」

桑森「そうか、先に宿題やった方がいいってわかってても俺は先に遊びに行ってたな。そういうことか。人は、わかっただけじゃあ価値観が変わらねえんだ」

ブチョー「その通りじゃ。これをセールスの現場に置き換えても同じことじゃな。セールスマンが一生懸命商品の良さをわからせても、[5]『いいことはわかるけど』と言われて契約してもらえとらんのじゃ」

桑森「腑に落ちたー！」

5▼いいことはわかるけどお金がない。いいことはわかるけど旦那に相談しないと決められない。いいことはわかるけど似たようなものを持っている。そう言われているのに、さらにまだいいことをわからせ続けますか？　それよりも欲しくさせた方がよくないですか？　本当に欲しくなったら、お金はなんとか都合をつけるし、旦那だって説得する。洋服なんか必要ないのに同じようなもの何枚も買っちゃいますよね？

ブチョー「わからせてもダメ！」
桑　森「心に響かせて価値観を変えろ！」
ブチョー「イエェー（桑森とハイタッチ）よし、じゃあ二限目の本題に入ろう」
桑　森「ちょっと待ってくれ」
ブチョー「何じゃ」
桑　森「どうしても昨日の『ちょうどよかった』の答えがわかんねえんだ。それが気になっちまって集中できねえ」
ブチョー「まあ、焦るでない。物事には順序ってもんがある」
桑　森「じゃあいったい、いつ教えてもらえるんだ？」
ブチョー「ちょうどよかったか……（何やらテキストらしきものを取り出して）あー、百五十二限目じゃな」
桑　森「ひえー！　そんなに先なのかよ！　頼む、頼みます。今教えてくれ。もう気になって気になってどうしようもねえんだ」
ブチョー「たわけ！[6]　基本がわかってない奴が応用を聞いて、何になるんじゃ。え？　家を建てるのだって基礎からじゃろ。屋根から作り

6▼「その通り」と言いたいところだが、ここで屁理屈のトレーニングをしてみよう！　あえてブチョーの正論の反対を考えてみるんだ。基本がわかってないのに応用から学んだ方がいいという屁理屈だ！（例）中学校で三年かけて基本から学んだ英語は、実践の英会話ではほとんど役に立たないけど、いきなりアメリカに行って日常会話の中で一年も過ごせば、ペラペラ喋れるようになる。だから基本より応用から学んだ方がいい。うん、我ながらいい屁理屈だ。いや、これはもう正論と言ってもおかしくない！

始める大工がどこにおると言うんじゃ。だいたい桑森、おめえって奴は……」

桑　森「これで頼む！（ポケットからプレミアムビールを出す）〇〇ビール！　冷えてます！」

ブチョー「おめえって奴は……見込みがある！」

桑　森「ありがてえ！　お願いします！」

ブチョー「（プレミアムビールを受け取りながら）しょうがない。教えてやろう。うーむ。実はな、『ちょうどよかった』というトークには名前がついておる」

桑　森「名前？」

ブチョー「一本背負いトーク！」[7]

桑　森「一本背負いトーク？」

ブチョー「応酬話法の中の必殺技じゃ。応酬話法の意味はわかるな？」

桑　森「奥州って、岩手の」

ブチョー「その奥州でない！」

桑　森「あ、山口だった」

7▼この一本背負いトークで、どれだけの契約を取ったことか。最大のポイントは、「ちょうどよかった」の後に続く屁理屈の切れ味だ。屁理屈だって、包丁と同じように言い続けてると研ぎ澄まされてくる。

ブチョー「そりゃあ、長州！」
桑　森「ああ、やっぱりね。じゃあ、あっちのおうしゅうか」
ブチョー「どっちのおうしゅうじゃ！」
桑　森「ヨーロッパの」
ブチョー「全然違う！　応酬話法とは、反論や断り文句に対する対応の仕方のことじゃ！」
桑　森「何だ、そっちか」
ブチョー「知りたいのなら黙って聞け！」
桑　森「へーい」
ブチョー「いいか、[8]セールスマンとお客の構図を柔道に当てはめて考えてみろ。お客が断れば、お客の一本勝ち。契約に至ればセールスマンの一本勝ち。しかしこの試合、常にお客が優勢じゃと思え。[9]保留という引き分けに持ち込まれたらお客の優勢勝ちとなってしまうのじゃ」
桑　森「なるほど」
ブチョー「セールスマンが契約を迫っても、お客がわからない、わからな

8▼柔道の基本理念に「柔よく剛を制す」という言葉がある。堅固で力の強い相手を柔弱な者が技で倒すという意味だが、セールスにも通じる言葉である。ガッツと根性だけの硬くて強いセールスマンよりも、しなやかでユニークで遊び心のある、つまり柔軟性のあるセールスマンの方が成果を上げてくる。真面目で硬い心ほど、障害にぶつかったときに折れやすいのだ。もう真面目なんかやめちまおうぜ！

9▼保留とは、お見合いのときの「一晩考えさせて」と同じ。体《てい》のいい断り文句である。

い、の一点張りじゃとセールスマンは技のかけようがない。これが一番手強い。時間切れで保留になるのが落ちじゃ。しかしじゃ、『お金がない』とか『似たようなものを持ってる』とか、何か反[10]論を言ってくれたときこそ一隅のチャンスなのじゃ！」

桑　森「何で？」

ブチョー「だから柔道で考えてみろ！　相手が防御、防御で逃げてばかりいたら技をかけにくいじゃろ。ところが反論というのは、相手が攻撃、つまりパンチを繰り出してきたということじゃ」

桑　森「え！　柔道でパンチは反則では？」

ブチョー「話の腰を揉むな！」

桑　森「いや、それを言うなら話の腰を折るなでしょ。腰を揉んだら気持ちいいし」

ブチョー「聞きたくないなら止める」

桑　森「あいや、すんません」

ブチョー「つまり、相手が攻撃をしてきたときに初めて隙が生まれるのじゃ。（段ボールで作ったボードに書きながら、図2）反論というのは、

10▼反論が苦手だと思うのは、そのあとの返し技がないからだ。反論があった方が契約できる技を身につければ、むしろ早く反論が出てこないかワクワクするというもんだ。

〈図2〉

まさに攻撃。しかし、相手の反論に対して、さらに反論で返すというのは、相手のパンチよりもっと強いパンチで、拳に拳をぶつけることになる。たとえ打ち勝ったとしてもこっちも怪我をする。つまり仮に相手の反論を言い負かしたとしても、結局怒らせて嫌われてしまうのが落ちじゃろ」[11]

桑　森「確かに。だいたいそのパターンで今までドアも開かなかったんだ」

ブチョー「それに対して一本背負いとは、相手の力に逆らわず、相手のパンチの力を利用してぶん投げる技じゃ」[12]

桑　森「相手のパンチを利用するのか⁉」

ブチョー「そうじゃ。例えば『お金がないからいらない』という反論に対して普通のよくいるセールスマンは『でも奥さん、お金がないって言っても、お子さんが病気になったら何とかするでしょ？』などと理屈で説得しようとするじゃろ？」

桑　森「確かに」

ブチョー「これがパンチに対してパンチで返すダメなやり方じゃ。（ボード

11▼相手の心理を無視したガッツと根性だけのセールス。本人たちに悪気はないのだろうが、このセールスマンたちが、セールス業界全体の評判を落としていることは間違いない。

12▼コンクリートや岩が崩れるような地震でも、竹林は崩れないという。それは、揺れに対して戦わず、同調しようとしてしなるからなのだ。

〈図3〉

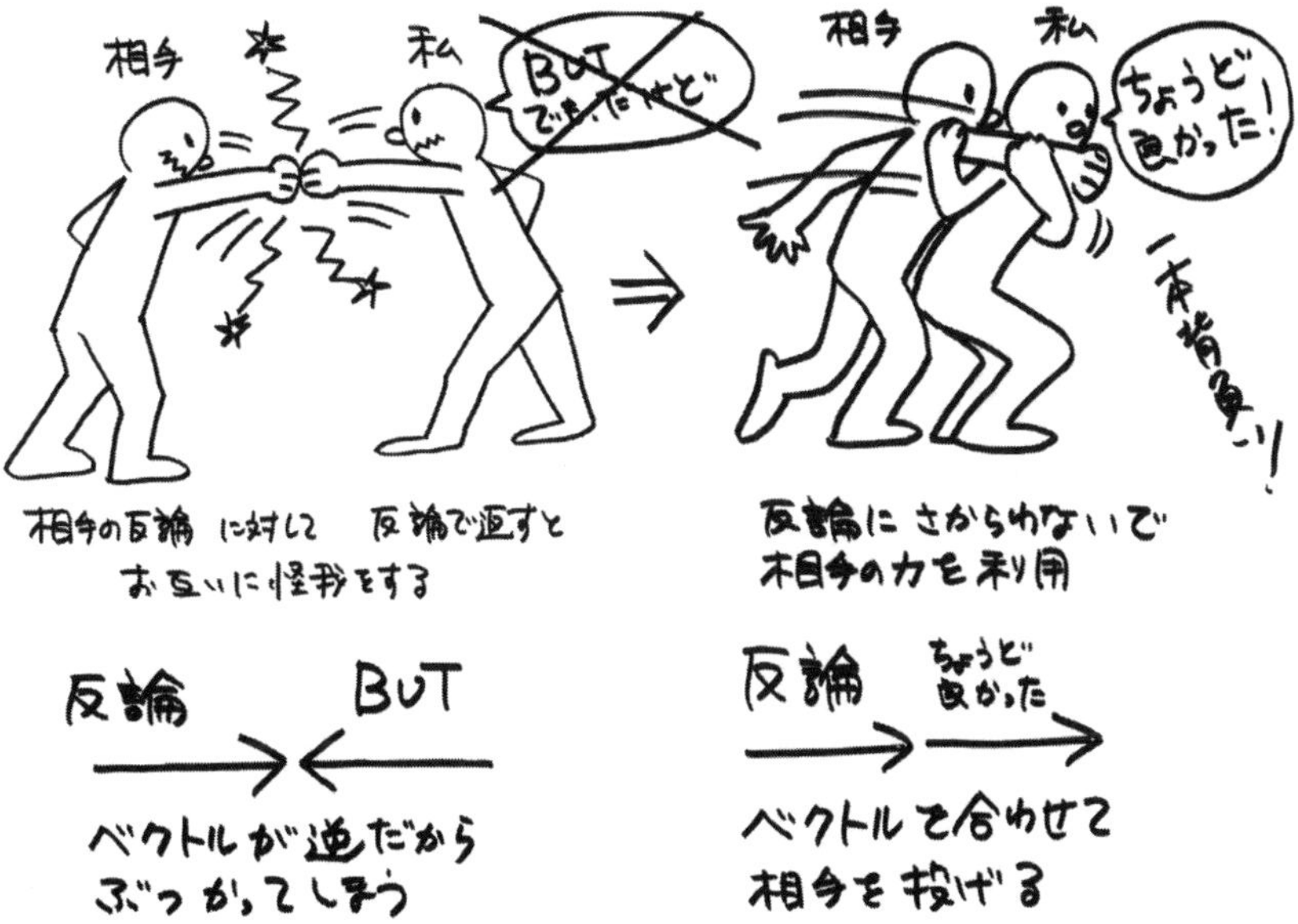
相手
私
BUT でも、だけど
相手
私
ちょうど良かった!
一本背負ーい!
相手の反論に対して 反論で返すと
お互いに怪我をする
反論にさからわないで
相手の力を利用
反論
BUT
ベクトルが逆だから
ぶつかってしまう
反論
ちょうど良かった
ベクトルを合わせて
相手を投げる

に描きながら図3）『でも、しかし、だけど』英語でいう『BUT』。この言葉は、相手のベクトルに対して逆のベクトルになるのじゃ。すると人は反撃されると感じて無意識に心を閉じる。これでゲームオーバーじゃ。であるからして、反論のときには絶対に『BUT』を使うべからず！　決して相手と言葉で戦うべからず[13]」

桑森「うん、うん」

ブチョー「反論が出たときは、相手の言葉を捕まえて、ベクトルを合わせて[14]そのままぶん投げる！」

桑森「ひゃっほー」

ブチョー「『ちょうどよかった』は、相手の反論のベクトルに合わせるのにちょうどいい台詞なのじゃ」

桑森「なるほどね。確かにどんな反論を言われても、こっちが『ちょうどよかった』って言えば、ケンカにはならないな。そういうことか、すげー！　これが心理学ってやつか！　すげー、すげー、やっぱ天才だぜおっさん！　あいや、ブチョーさん！」

13▼反論が出たとき、一番大切なポイントは、相手の言葉と戦わないこと！　肝に銘じておくように。

14▼ベクトルとは方向性。お互いが、反対の方向を向いてぶつかると戦う構図になるが、戦っても契約にならない。まず方向を相手に合わせること。わかりやすく言えば、相手の言葉に同調することだ。

15▼アドリブが上手い人は、頭がいいわけじゃない。手品と同じで、何も仕込んでなければ花もハトも出てきやしない。あら

ブチョー「愚か者！　そんな浅い悟りで喜んでいる場合ではない。第一この一本背負いトークは、そのあとに続く理由が難しいのじゃ。ちょうどよかったと言えば、必ず『何がちょうどいいのか』と尋ねられるじゃろ。そのときこそ機転を利かしアドリブ[15]で答えられるかどうかが鍵なのじゃ。実際おめえさんは今日ドアを開けさせたんじゃろ？　そんときおめえは、ちょうどよかったのあと何て言ったんじゃ？」

桑　森「いや、だから何を言われてもちょうどよかったからドアを開けてください！　を連発してたんだ。そしたら開いたんだよ」

ブチョー「はあ？　それでドアが開いたのか」

桑　森「ああ」

ブチョー「で、ドアが開いたあとはどうした？　何て言ったんじゃ？」

桑　森「だから、頭が真っ白[16]でしどろもどろになっちまって……」

ブチョー「せっかく開いたドアが閉まっちまったってわけか」

桑　森「そう。ははは……」

ブチョー「はー、情けねえ奴じゃなおめえは。そこでアドリブをかましてや

かじめいろんなものを仕込んでおくからマジックが成功するだろ？　それと同じように、日頃から使えそうな例え話やフレーズを仕入れておくことが大事。テレビCMや雑誌の見出し、映画の宣伝文句、本の帯など世の中は魅力的なフレーズに溢れているぞ。

16▼頭が真っ白になるという状況に陥るのは、意識が自分に向いている証拠。初めてのデートで、緊張して頭が真っ白に……。よくあるパターンだが、結局「カッコよく思われたい」「いい人に見られなければ」「気の利いたことを言わなきゃ」などと、自分のことばかり考えているからフリーズしてしまうのだよ。単純に相手に興味を持って、相手を思いやって会話をすれば「どんな音楽を聴くの？」「休みの日は何してるの？」と自然に質問がでてくるでしょ？　そのことを、相手にスポットを当てると言うんだ。

るんじゃよ。昨日わしが手本を見せてやったじゃねえか」

桑　森「アドリブかあ、やっぱり決まり文句みたいなのは……ない？」

ブチョー「ない」

桑　森「あちゃー」

ブチョー「しかし、適切な答えが無限にあるわけじゃあねえ。相手の反論に対していくつかのパターンを覚えればいいんじゃ。だいたい反論で言われる断り文句なんぞ、せいぜい十個くらいなもんよ」[17]

桑　森「え！　じゃあいくつかのパターンを練習して身につけちまえば、一本背負いで投げられるってわけ？」

ブチョー「その通りじゃ」

桑　森「おせーて、おせーて、ブッチョーさーん！　おせーてそのパターン」

ブチョー「愚か者！　さっきはおめえの汚いやり口にまんまと乗せられたが、今度はそうはいかんぞ。いいか！　健全なる精神の上にしか健全なる技は身につかんのじゃ。[18]スキルの前にまずメンタルを鍛える。桑森、どうやらおめえのメンタルはサラリーマンのままの

17▼実際に見込み客の状況別に反論を書き出してみるべし！

18▼メンタルという石垣の上にしかスキルという天守は築けない。どんなに立派な天守を作っても、石垣がもろければ城は崩れてしまう。

ようじゃ。それじゃあ本当のセールスはできん」
桑　森「いや、セールスマンつったって所詮俺はサラリーマンだぜ」
ブチョー「そういうことではない。おめえの心がサラリーマン根性[19]じゃということじゃ」
桑　森「しょうがねえだろ、ほんとにサラリーマンなんだから。じゃあどうしろっていうんだい？」
ブチョー「本物のセールスマンシップ[20]を身につけるのじゃ」
桑　森「セールスマンシップ？　なんだそりゃ。スポーツマンシップみてえなもんか？」
ブチョー「ふん、スポーツなんざ、わしには縁がないが、まあ確かにスポーツマンとセールスマンには共通点があるな。サラリーマン根性の野球部が、甲子園に出られると思うか？」
桑　森「は、そいつは無理だな」
ブチョー「ほお、なぜじゃ？」
桑　森「だって甲子園は高校生しか出られないんだぜ。サラリーマンが出られるわけねえじゃねえか。そんなことも知らねえのかい？」

19▼サラリーマンを否定しているのではない。サラリーマン根性とは、言われたことだけやっておけばいいという責任感のない考え方で、「規則ですし、前例がありませんので」が口癖。まあ、そんな奴はこれからの時代、人工知能にどんどん仕事を奪われていくけどね。

20▼経営者マインドと同意語。特にフルコミのセールスマンは、事実上経営者、個人事業主である。固定給で守られているサラリーマンとは違って、自立していることが必要条件であることは言うまでもない。

ブチョー「あほう！　そういうことを言ってるんじゃねえ。サラリーマン根性ってのは、言[21]われたことだけをただ真面目にやるだけで、工夫も機転も責任感も情熱もない奴のことを言うんじゃ。結果が出ようが出まいが、命令されたことだけを黙々とやれば金が貰えると思ってる輩をサラリーマン根性というんじゃ。そんなチームが試合に勝てるか？」

桑　森「確かにそんな部員ばっかりじゃ勝てねえな」

ブチョー「そうじゃろ。セールスも同じじゃ。契約になってもならなくても、言われた通りに電話をして、言われた通りに訪問して、言われた通りに説明して、それで仕事をした気になってる奴が、契約を取れると思うか？　そういう仕事のやり方は、セールスとは言わねえ」

桑　森「じゃあ、なんて言うんだ？」

ブチョー「御[22]用聞きって言うんじゃ。ほら、『サザエさん』に出てくる酒屋のサブちゃんてのがいるじゃろ？　あれが御用聞きじゃ。サブちゃんは、酒は足りてるか、醤油は足りてるか、ご用は何かない

21▼そんな人間を大量に作り出した教育にも大きな責任があると思わないか？　これからは教育革命が必要だ。まずは子どもたちに一番影響を与える我々大人たちが変わらなければ！

22▼そんな仕事しかしない奴に、こう言ってやれ！「ねえ、私は右利きなんだけど、○○さんって何きき？」「え？　僕も右利きだけど」「いいえ、あなたは御用聞きだよ！」

か聞いてるだけで、セールスなんかしてるとこ見たことねえだろ？」

桑　森「ああ、そう言われてみれば（サブちゃんの声色で）おっとサザエさん[23]、醤油がまだ半分残ってるからって油断しちゃあいけませんぜ。いいですか、醤油っていうのは……なんてシーンはないな」

ブチョー「昭和の時代は御用聞きの仕事は確かにあった。米屋もやってきた。豆腐屋もやってきた。しかし今は消えちまった。何でかわかるか？」

桑　森「御用聞きってのは、あんまり儲かりそうにないから、なり手がいねえんだろ」

ブチョー「そうじゃねえ、いるかいらないか聞くだけなら機械で充分じゃろ。初めから欲しがってる客は、この時代御用聞きが来なくても勝手にネットで注文するさ。つまり、インターネット[24]に仕事を奪われちまったのさ」

桑　森「恐るべしインターネット」

ブチョー「ああ、人間はうかうかしてられねえぞ。工場で働くサラリーマ

23▼「来週のサザエさんは、タラちゃん初めてのお使い、サザエの夏休み、サブちゃんセールスに目覚める！　の三本です♪」

24▼保険や証券までネットで購入できる時代。なんなら有名どころの温泉のお湯まで注文できる。この先ネットで受験できたり、結婚できたり、裁判起こしたり、お葬式までネットで済ませたりするような時代が来たりして⁉

ンも、どんどんオートメーション化で人手が余ってきておるし、スーパーのレジだって機械がやるようになってきただろ。つまり機械にだってできることしかできねえ人間は、どんどん働く場所がなくなるってことなのさ」

桑　森「確かに、切符を切るだけの駅員さんは滅多に見ねえな」

ブチョー「そうさ、高速道路の料金所の人も、工事中の警告灯を振る人も、全部機械に変わっちまった。それだけじゃねえ、人間にしかできねえ工夫や努力を怠る奴は、機械より先に仕事がなくなるぞ」

桑　森「原稿を間違わずに正しく読むだけのアナウンサー」

ブチョー「愛想のねえ暇そうな企業の受付」

桑　森「曖昧な判定ばかりするスポーツの審判」

ブチョー「サボるのだけが上手い清掃員」

桑　森「いつも注文を間違えるウェイター」

ブチョー「ナビがねえと走れないタクシードライバー」

桑　森「まったく当たらない占い師」

ブチョー「当たらねえから『占い』なんじゃろ？　当たるなら占い師じゃな

くて予言者じゃ」

桑　森「スマホでゲームやってる電車の運転士」

ブチョー「クビにしろ！　クビ！」

桑　森「女子トイレで盗撮している大学教授」

ブチョー「逮捕じゃ！　タイホ！」

桑　森「食いしん坊のコックさん」

ブチョー「それは別にいいだろ！」

桑　森「いや、作りながら全部食べちゃうから……」

ブチョー「そんな奴はおらん！　まあ、つまりそういうことよ。それに引き換えセールスマンってえのは、何よりも成果が大事じゃ。一生懸命に真面目にやろうが、ふざけてやろうが、結果を出した奴の勝ち。野生の世界[25]と同じってわけじゃ」

桑　森「そうなんだよ。固定給なんかこれっぽっちだから、成果を出さなきゃ歩合給がつかねえ。野生だよ。ジャングルだよ。セールスとはまさにサバイバル！　そうか、だからサラリーマン根性じゃ役に立たねえのか。スポーツも一番真面目に練習した奴が勝つとは

25▼野生の世界に肥満はない。しかし人間に飼われた犬や猫に肥満は多いな。つまり肥満でも生きていける環境があるということだ。売れなくても真面目にやっていれば給料もらえると思ってるセールスマンは、メンタル肥満だ！

限らねえ。ルールを守ってりゃあ勝つわけでもねえ。真面目だろうが、不真面目だろうが、勝った奴が勝ち」

ブチョー「ああ、だが卑怯[26]な手で勝とうとすりゃあ退場じゃ。だからセールスマンシップに則って勝つことが大事なんじゃ」

桑森「なるほど、つまりセールスマンも、成果を出したいならそのセールスマンシップとやらが大事ってわけだな」

ブチョー「ああ、そうじゃ」

桑森「おっさん、あ、いやブチョーさんよ、そのセールスマンシップってのは、セールスだけの話じゃなくて、これからの時代のすべての人に必要なもんじゃねえのか？　機械[27]やコンピューターにはない、人間だけが発揮できる凄い力のことじゃねえのか？」

ブチョー「わかってきたじゃねえか、桑森。やっぱりおめえは見込みがあるぜ」

桑森「ふ、何だか知らねえが、こいつは面白くなってきやがった。おう、じゃあそのセールスマンシップってのを早速叩き込んでもらおうか！」

26▼もっと過激に言えば、野生の世界には「卑怯」もない。見えない糸で罠を仕掛ける蜘蛛や、灯りで獲物をおびき寄せてパクリとやるチョウチンアンコウなどは、姑息で卑怯な手段にも感じるが、誰も訴えたりしないだろ。おっと、これ以上調子に乗ってペラペラ喋っては、毒が強すぎるな。この辺で止めておこう。

27▼まさに人間力。経営者マインドやリーダーシップ。コミュニケーションスキルやプレゼンスキル。

ブチョー「まあそう焦るな。今日はこの辺にしておこう。すっかり夜も更けちまったしな」
桑　森「何だよ、俺なら平気だぜ」
ブチョー「まあ、粋がって[28]いられるのも今のうちじゃ。桑森、明日おめえ、仕事が終わったら渋谷に行け。ハチ公前のスクランブル交差点じゃ」
桑　森「何だよ、そんな若者の街で薄汚れたおっさんなんかと待ち合わせなんて気色悪いぜ」
ブチョー「早とちりすんな。おめえ一人で行ってくるんじゃ」
桑　森「俺一人で？　ハチ公前で何すんだい？　まさかナンパ[29]でもするってぇの？」
ブチョー「ほおぉ、勘がいいじゃねえか。そのまさかよ」
桑　森「何い！　何でナンパなんだよ。それがセールスマンシップと何の関係があんだ？」
ブチョー「それが大ありなんじゃよ。おめえ、ナンパぐらいしたことあるじゃろ？」

28▼「粋」と「粋がる」は全然違う。「カッコいい」と「カッコつけてる」くらい違う。「カリスマ」と「カリメロ」くらい違う。

29▼ナンパを舐めてはいけない。ナンパが上手い奴、モテる奴、セールスが得意な奴、必ず何か共通点がある。

桑　森「そんなチャラいことするかよ。俺のポリシーに反する」
ブチョー「ほおぉ、じゃあ、ナンパ初体験ってわけか。ちょうどよかった
　じゃねえか」
桑　森「何がちょうどいいんだ！　ちっともよかねえや」
ブチョー「つべこべ言ってねえで片っ端[30]からナンパしてこい。いいな。質問
　はなしじゃ。とにかく言われた通りにするんじゃ。弟子は師匠
　に？」
桑　森「絶対服従[31]。くそ！」
ブチョー「ははは、あ！」

上手からホンカンが懐中電灯を照らしながら現れる
ブチョー、ホンカンに気づいて物陰に隠れる

ホンカン「（桑森に）あー、ちみちみ、そこのちみ」
桑　森「わあっ？　な、何だよ、お巡りさんか。おどかすなよ」
ホンカン「ちみ、こんな時間に何やっとるのかね？　あ！　困るなあ。公園

30▼「お姉ちゃん、あちきと遊ばない？」。道ですれ違う娘に、飄々と声をかけまくる達人と言えば、ジョージ秋山の漫画『浮浪雲』の主人公浮浪雲。これは漫画で読む哲学書なのである。
31▼最後の一言を相手に言わせるのも、実は高度なプレゼンスキル。言わされた方は、その瞬間に納得せざるを得ない。人間は、自分で口にしたことには従おうとする。

でこんな勝手なことすちゃいかんなあ。いったいどうすたのかね
これは？（段ボールのセミナールームを見ながら）」
桑　森「あ、いや、俺は、その」
ブチョー「（小声で）桑森、反論トークじゃ。行け！　練習のチャンス！」
桑　森「あ！　一本背負いね！」
ホンカン「なぬ？　一本背負いでホンカンを投げようっての？　こりゃ逮捕だなあ」
桑　森「あ、いいえ違います。あ、だからその、ちょうどよかった！　うん、ちょうどよかったお巡りさん」
ホンカン「はあ？　何がちょうどいいのかね？」
桑　森「あ、いや、だから……」
ホンカン「ん？　だから？」
桑　森「だから、あれっすよあれ」
ホンカン「あれじゃあわからんね。ちみは何か怪すうね」
ブチョー「アドリブ、アドリブ！」
桑　森「だから、その、ちょうど今あそこに隠れてる変[32]なおっさんに絡ま

32▼自分が怪しいと思われたときには、もっと怪しいものを提示することによって、相手の注意を逸らすことができる。我ながらあっぱれ。

れてたとこなんすよ。いやあ、ちょうど助かった。ははは」
ブチョー「わ！　こらあ！　何言ってんだおめえ」
ホンカン「なぬ？　変な男がおるのかね。こら、おとなすく出てきなさい！（返事がない）返事をすなさい！（返事がない）ん？　ほんとにいるのかね？」
桑　森「います、います。すごく変なのが」
ホンカン「ほ、本当かね、おい、こら！　早く出てきなさい！（銃を抜く）出てこないと……」
ブチョー「わ、わ、わ、止めろ！　撃つな！　撃たねえでくれぇ。う、撃つならでん部に（尻を突き出しながら出てくる）」
ホンカン「うわあ！　……ありゃ！　またちみじゃねぇが。じゃあ、これはちみがやったのかね？　何を企んどるのかねちみは？　ちょっと署まで来てもらおうか」
ブチョー「いや、待ってくれ。桑森、てめえ許さん！」
桑　森「助けてお巡りさん！」
ホンカン「止めなさい！　逮捕だ逮捕！（ブチョーを逮捕）えー、零時四十二分、ホームレス風の男逮捕」

ブチョー「許してくれぇ、やめてくれぇ」

ホンカン「署でゆっくり話《はなす》を聞くから。ん？　ポケットに何を隠してるのかね？　出すなさい。ほれ、あ、ビールじゃないの！　ちみ、どうすたこれは？　どこで盗んだ？」

ブチョー「盗んどらんのじゃ。それはわしのじゃ。取り上げんでくれぇ。あー、勝手に飲まねえでくれぇ。半分残してくれぇ」

ホンカンとブチョー、上手に去る

桑森、二人を見送って

桑　森「何だかわかんねえけど、まあこれも乗りかかった船だ。[33]とことんやってみるのも面白いな。（大きなあくびをして）さて、明日のために寝るとするか」

桑森、自分の段ボールの家に入っていく

33▼旅行のような人生と、旅のような人生。選ぶならどちらにする？　事故が起こらないように、安全にスケジュールを計画通りに進めていくのが旅行。アクシデントやハプニングに柔軟に対応していきながら、失敗をも楽しんで自己成長していくのが旅。もし旅を選んだのなら、たとえ行き先がわからなくても、乗りかかった船には乗っていこうじゃないか！

照明、二、三度瞬いてカットアウト、暗転
音楽[34]、カットイン

34▼玉置浩二『田園』 何かが始まる予感。大きな波がやってくるという兆し。もう、物語は動き出したのだ。

第一幕　現在　SCENE3（幕前）

役者、現在の桑森と柊に戻って幕の前に現れる
音楽、カットアウト
スポットライト

柊　「桑森社長、なんかすげー体験してたんっすね。ホームレスしながら会社行ってたんすか？」
桑森　「ああ、あれは人生どん底にして最大に奇妙で貴重な体験だったな」[1]
柊　「で、うまくいったんすか？」
桑森　「何が？」
柊　「ナンパっすよ。人生初のナンパ体験。まあ、社長ならナンパなんか朝飯前か」
桑森　「ヒイラギ、時代は今から三十年前、田舎から出てきたばかりの純情な青年が、簡単にナンパできると思うか？」

1▼何もかも上手くいかなくて、今がどん底だと嘆いていないか？
「これがどん底などと言えるあいだは本当のどん底ではないのだ」。シェイクスピア『リア王』より。

柊　「え！　じゃあうまくいかなかったんすか？　意外だなあ」

桑森　「ハチ公前のスクランブル交差点[2]っていったら、俺の田舎の村祭りよりも人が多かったんだぞ。声をかけるどころか、人の多さに頭がクラクラしてぼーっとしてたら、知らないうちに宗教の勧誘受けてたよ」

柊　「マジっすか？」

桑森　「それでもブチョーに言われたことをやらねば！　って、とにかく若いお姉ちゃんに声をかけようとしたんだけどな、声が出ないいんだ。自分でもあれ、こんなはずじゃあ？　って思うんだけど一歩が出ない。無意識[3]がブレーキをかけてるんだ」

柊　「へえ、自分なんか何の抵抗もないっすけどね」

桑森　「ほお、じゃあお前は、セールスメンタルのファーストステップは合格だな」

柊　「やった！　マジっすか。じゃあ自分は桑森社長より凄いんすか⁉」

桑森　「調子に乗るな。話はまだこれからだ」

柊　「すんません」

2▼渋谷のスクランブル交差点、新宿二丁目、代々木公園。私が東京に出てきて、都会の恐ろしさを学んだ場所。代々木公園で何があったかは……言えない。

3▼無意識がブレーキをかけている以上、意識が命令しても体は言うことを聞いてくれない。でも無意識のブレーキを外すことは不可能じゃない。それがメンタルトレーニングだ。これからの時代は、偏差値を上げる勉強よりも重要な教育になっていくだろう。

桑森「バンジージャンプを土壇場で飛べない奴と同じさ。次に来る女に声をかけると心に誓うんだけど、声が出ない。時間だけが過ぎていく。結局俺は数時間もの間ろくに声もかけられないまま、夜遅く交差点を後にしたんだ。敗北感しかなかった。なんでそんな簡単なことができないのかわからなかった」

柊「まあ、ナンパは思ってるほど簡単じゃないっすからね！」

桑森「言うじゃねえか。……まあいいだろう。俺はまたすべてが嫌になっちまって、公園には戻らずにアパートに帰ろうとした。俺の悪い癖だ[4]」

柊「あちゃー」

桑森「そのとき、後ろから『あんた、また逃げるの？[5]』という女の声がしたんだ」

柊「まさか……おふくろさん？」

桑森「ああ、俺もそうかと思ってドキッとした。慌てて振り返ってみると、何のことはない。ただのカップルの痴話げんかだった」

柊「なあんだ」

4▼癖は意識ではなく無意識による命令だ。

5▼逃げるという芸術。どんな強固な牢獄に入れられても、必ず脱獄を果たす男と、どこまでも彼を追い続ける刑事の奇妙な絆を描いた実話の物語がある。吉村昭の傑作『破獄』 吉村昭の小説は、映画のように情景が鮮明に浮かんでくる。そのほか『高熱隧道』『漂流』『冬の鷹』『長英逃亡』など何を読んでも面白い！

桑森　「でもあれはまさに神の声だったのかもしれない」

柊　「え⁉」

桑森　「その言葉で、俺は我に返った。確かにまた嫌なことから逃げようとしていたことに気づいた。だから公園に戻ることにしたんだ。あのままアパートに帰ってたら、この話はここでおしまい。俺の人生も違ってたはずだ」

柊　「じゃあ、[6]社長にとっては本当に神の声だったんすね」

桑森　「そういうことだ。そして俺は夜中を過ぎた頃公園に戻った。そしたら」

柊　「そしたら？」

桑森　「そしたら！」

柊　「そしたら？」

桑森　「まさかあんなことに」

柊　「う！　どんなことに⁉」

桑森、口をパクパクさせながら照明フェードアウト、暗転

6▼出来事をどう解釈するかは己次第。私にとってあの声は「神の声」であり「母ちゃんの声」でいいのだ。

音楽[7]、フェードイン

7▼シャネルズ『ランナウェイ』衝撃的なグループだったね。それまでのグループサウンズのフォークでもロックでもなく、オールディーズというのが逆に新鮮だった。顔に靴墨を塗って黒人風にしていたのも凄い。

第一幕　三十年前　第三場

照明、フェードイン
音楽、フェードアウト
公園、夜
段ボールのセミナールームで教えているブチョーと学んでいるホンカン
桑森、その光景を、口をパクパクさせながら見ている

ブチョー「えー、であるからしてセールスとは、ただ単にモノを売ったり買ったりすることではなく？」
ホンカン「はい、心理学を用いたコミュニケーション能力、すなわちプレゼンテーションを身につけることによって、[1]相手の価値観に影響を与え、潜在的な問題意識を引き出し、価値観を変化させることへの利益と可能性を描かせ、相手を本気にさせることであります」
ブチョー「その通りじゃ。よって、プレゼンスキルとは、セールスマンにだ

1▼心理学を応用したプレゼンテーションの5ステップ。「アプローチ」「問題意識」「利益と可能性」「クロージング」「反論」この五つのツボとコツを身につけて磨き上げれば、誰でも売れるようになる。それがノウハウだ。

け必要なスキルではなく？」
ホンカン「はい、教育に携わる者、人に関わり相手に影響を与える立場にある者、職場の上司《じょうす》はもちろん、友人関係、恋人、夫婦、親子、ひいては自分自身の人間力の成長のために、つまりすべての人に重要で必要なスキルである」
ブチョー「よろしい。わしは前々からこの人生においてもっとも重要なプレゼンスキルというものを学校教育に取り入れるべきじゃと考えておる」
ホンカン「はい、ホンカンもまったく同感であります」
ブチョー「だいたい数学の授業ってやつは、三角関数や微分積分までやる必要があると思うか？　おめえさん、社会人になってから微分積分を使ったことがあるか？　八百屋で大根を買うときに表面積を測ったことは？」
ホンカン「一度もないであります！」
ブチョー「おにぎりを握るとき三角関数は？」
ホンカン「必要ないであります！」

[2]教育[3]自分自身[4]学校教育

2▼教育や日常の会話にプレゼンは関係ないと思っている人が大勢いる。しかし日常のミスコミュニケーションのほとんどは、プレゼンスキルで解決できるのだ。

3▼プラス思考の方がいいことは、誰でも知っている。でもなり方を知らないからできない。顕在意識がプラス思考でも、潜在意識がマイナス思考のままなのだ。潜在意識を変えるには自分との会話、セルフコミュニケーションが鍵を握っている。それもまた自分に対してのプレゼンスキルが重要なのだ。

4▼時間が足りなくて組み込めない、と言うのであれば、算数を、九九を習った辺りでいったん止めて、高校か大学からまた始めるっていうのもありだな。そう思わないか？　いや思わないだろうな。

ブチョー「そうじゃろ。三角関数の解き方より、三角関係の解き方を教えて欲しい！」[5]
ホンカン「同感であります！」
桑　森「何だこれ⁉」
ブチョー「おう、桑森、帰ってきたか」
桑　森「な、何でお巡りさんが……」
ブチョー「あー、紹介しよう。今日から一緒に学ぶことになったホンカン君じゃ」
ホンカン「ホンカンであります。よろすくお願いします」
桑　森「って、いったいどうしたらこんなことになるんだ⁉」
ホンカン「ホンカンは、師匠に出会って気づいたのであります。一般市民《すみん》の平和を守る重要な任務を背負っているにもかかわらず、なんと自分のコミュニケーション能力の低いこと。いや、ホンカンだけでなく、これは日本の警察全体が抱えている問題なのであります。[6] こんなことでは日本の将来が危ぶまれる！　ならばホンカンが師匠の下、人間力やコミュニケーション能力を磨き、日本の警察

5▼その通り！　社会に出たら、Xの二乗なんて問題は出てこない。出てくる問題は学校で習っていないことばかりだ。その答えの解き方を教えてくれ！

6▼少し前になるが、DJポリスというのが話題になった。ワールドカップ出場が決まり、渋谷の交差点をジャックして騒ぐ若者たちを頭ごなしに押さえつけるのではなく、「お巡りさんだってこんな日に皆さんにイエローカードを出したくありません！」と、ユーモアを交えながら交通ルールを守るように誘導したことが話題になり、ニュースとなった。素敵なニュースだ。しかしこれがニュースにならないほど、すべてのお巡りさんがDJポリスのようであったなら、もっと日本は素敵になるのではないか？

全体のコミュニケーション能力向上のために一役買おうと立ち上がった次第《すだい》であります」

桑森、口をポカーンと開けたまま

ブチョー、どや顔で右腕を叩いている

ブチョー「どうじゃ、桑森。魔法を見てるようじゃろ？　これがプレゼンスキルなんじゃ。プレゼンとは、ある意味魔法と言える。[7]言葉を投げかけるだけで、一瞬にして相手をやる気にさせたり、元気にさせたり、価値観を変えさせたりできるんじゃからな」

ホンカン「はい、その通りであります」

ブチョー「しかし、魔法はすべていいものとは限らんぞ。いや、むしろ世の中には悪い魔法の方が氾濫しておる。言葉で相手のやる気を奪ってしまったり、傷つけたり、落ち込ませたり、時に言葉[8]はナイフよりも人の心を傷つけ、命を奪うことさえある」

ホンカン「しかも凶器が言葉では、刑事事件として取り扱えないのでありま

7▼いい魔法は習わなければ身につかないのに、悪い魔法は習わなくても使える。なぜだろう？　金持ちになるには努力が必要だが、貧乏になるには怠けていればいい。持ち上げるには力が必要だけど、落とすのは手を離せばいい。負の引力は恐ろしく強い。我々は、下りのエスカレーターに乗っているようなもので、何もしなければ、それだけでどんどん下に下がっていってしまうのだ。その問題意識を強烈に持たなくてはダメだ。

8▼ナイフよりも言葉の方が危険だ。ナイフなら相手を傷つけたことを認識できるが、言葉は傷つけたことすら気づけないことがある。しかし言葉はナイフよりも偉大だ。傷ついた相手をナイフで癒すことはできないが、言葉で癒すことはできるのだから。

す」
ブチョー「だから､この魔法の使い方を間違えたら大変なことになるのじゃ。人類が発明した原子力エネルギーと同じようにな。ところで桑森、課題のナンパの方はどうじゃった?」
桑　森「う、それが……あはは、いやー、ナンパって思ったより難しいっすね。いざとなると言葉が出てこないっつうか、なんかブレーキがかかっちまうんだよね」
ブチョー「じゃあ、声をかけられなかったのか?」
桑　森「いや、かけるにはかけたけど……」
ブチョー「何人?」
桑　森「え、(指を開いて数え始める) いち、にい、さん、しい、ごお、ろく……ごお、よん、さん、にい (指が閉じていく) ……二人かな、ははは。いや、でもみんな結構ガード堅くてさあ」
ブチョー「このたわけがあ!」
桑森、ホンカン「ひえぇ!」
ブチョー「夕べわしは何と言った? 片っ端から声をかけろと言ったん

じゃ。それをおめえ。……なあ、桑森。わしは声をかけろとは言ったが、ナンパを成功させろとは一言も言ってねえ」

桑森「え？」

ブチョー「おめえは無意識のうちに、ナンパするなら成功させなくちゃいけねえ。そう[9]思い込んだんじゃ。そうすると片っ端から声などかけられるわけもなく、声をかけやすそうな相手を見つけようとするわな。そしていざ声をかけようとしても『失敗したらどうしよう、断られたらどうしよう』という心理が働いてブレーキがかかる。そういうことじゃ」

桑森「うっ……」

ブチョー「[10]サイドブレーキを引いたまま、ガッツと根性というアクセルを踏んで動こうとするとどうなる？　ぶっ壊れるのが落ちじゃ」

桑森「じゃあ、どうすればよかったんだ？」

ブチョー「[11]逆転の発想じゃ！　逆転の発想でメンタルブレーキを外すんじゃ」

桑森「逆転の発想？　メンタルブレーキ？」

9▼人間は思い込みに手足がくっついた生き物。人間は空を飛ぶことはできないと思い込んでいた時代は、誰も空を飛ばなかった。しかしライト兄弟は、違う思い込みをした。その結果、今や誰もが平気で飛行機に乗っている。空を飛べる原理などまったく知らないのに。

10▼昔、フルコミの営業時代、何の根拠もなく「できる。できる。できる」と大声で何度も繰り返し言わされ、テンションだけ上げさせられて現場に向かっていた売れない社員がたくさんいた。もちろんそんなことで売れるようにはならず、だいたい心が折れて辞めていってしまった。

11▼頭を柔軟にするには、逆を考える癖をつけるといい。カップヌードルの開発当初、カップの中に麺が入らず苦戦していたところ、麺を下に置いて、上からカップを被せるという逆転の発想で問題を解決したそうだ。

ブチョー「そうじゃ、メンタルブレーキを外すことができれば、そっとアクセル踏むだけで動き出せるんじゃ。ところが普通のセールスマンはこのブレーキの外し方を知らん。じゃから、セールスとはブレーキよりもっと強いガッツや根性論になるってぇ訳よ。その挙句、断られ続けて、仕舞いにゃあ硬くなっちまった心がポキッと折れちまう。そんなところじゃ」

桑　森「く、悔しいけどおっさんの、いやブチョーの言う通りだぜ」

ホンカン「さっすが師匠！」

桑　森「じゃあ、俺の場合の逆転の発想ってのは何なんだ？」

ブチョー「よし、じゃあそこから講義を始めよう。桑森、お前も席に着け」

桑　森「あ、ああ」

ブチョー「（缶ビールを、プシューッといい音をさせて開け、ゴクゴクと飲み、クゥーッと喉を鳴らしてから）いいか、セールスマンたる者常識[12]にとらわれてちゃあいけねえ。セールスにおいて絶対に価値観を変えなきゃいけねえのは『失敗』についての解釈じゃ。（ボードに描きながら図4）失敗には三つの解釈がある。常識的な解釈

12▼常識こそ、集団心理による思い込みだ。少し前まで、学校の部活の試合や練習中は水を飲むなというのが常識だった。

〈図4〉

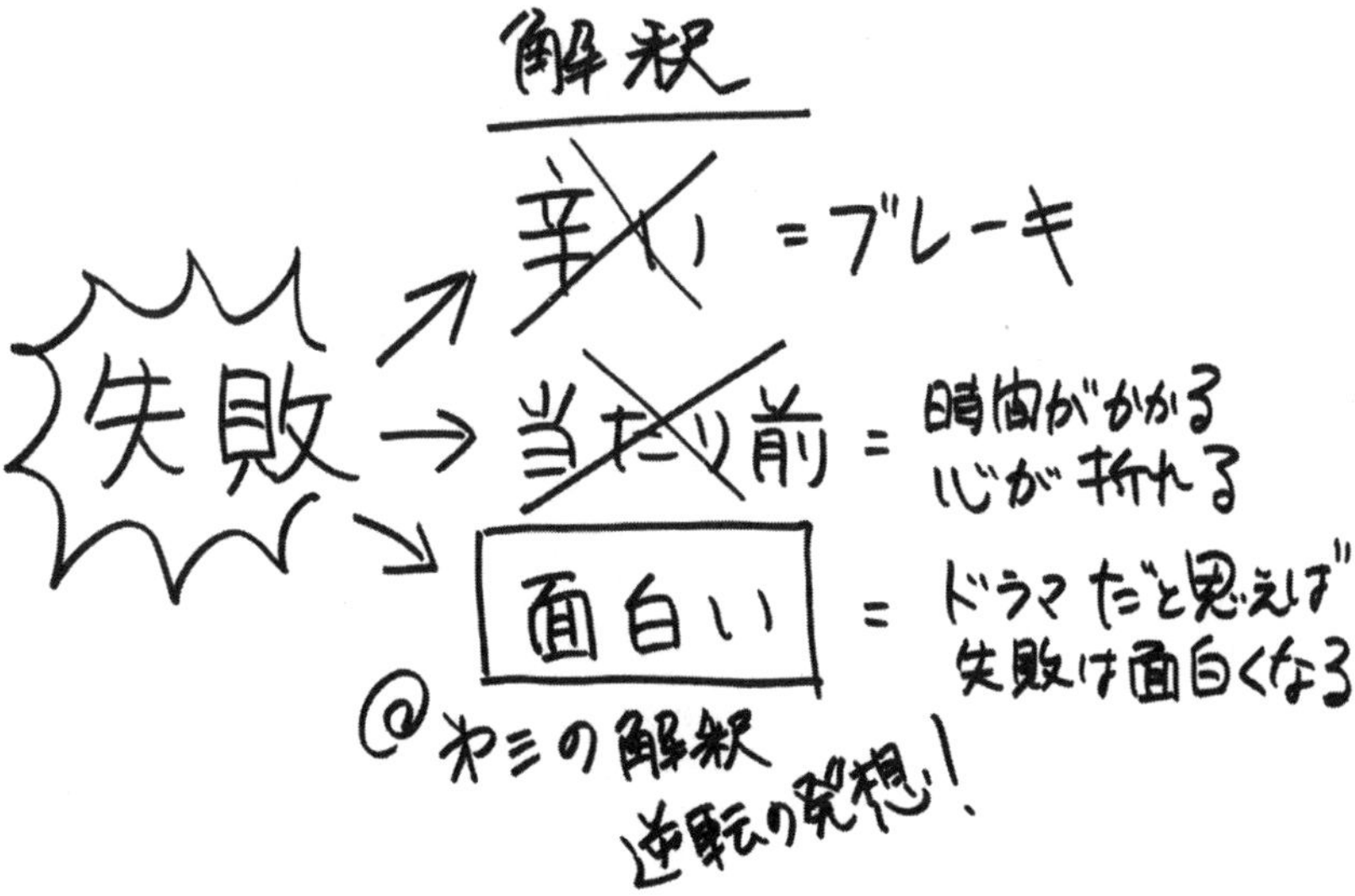
解釈
辛い ＝ブレーキ
失敗
当たり前 ＝時間がかかる
心が折れる
面白い ＝ドラマだと思えば
失敗は面白くなる
@ヤミの解釈
逆転の発想！

は『辛い』じゃな？　失敗はしたくねえじゃろ？」

桑　森「そりゃあそうだ」

ブチョー「ところが、飛び込みセールスで飯を食ってる人間にとっちゃあ失敗なんて『当たり前』なんじゃ」

桑　森「そりゃあそうかもしれねえけど、失敗を当たり前に思おうったって、そう簡単には思えねえ」

ブチョー「そうじゃ。失敗を当たり前に思えるようになるまでには時間がかかる。それが問題じゃ。その（またビールをゴクゴクと飲んで、プハーと息を吐く）タイムラグの間にほとんどのセールスマンの心が折れちまうんじゃ」

ホンカン「なるほど、なるほど」

桑　森「あんたのタイムラグはいらねえだろ」

ブチョー「そこで登場！　第三の解釈」

ホンカン「よ！　待ってました！」

ブチョー「失敗を当たり前だと思えるようになるまでには時間がかかる。それは、『失敗は悪いことだ、してはいけない』という価値観を子

　　　　どものときから周りの大人たちに徹底的に刷り込まれてきたから
　　　　じゃ。どうじゃ、『失敗してもいいよ』と言われてきたか？」
ホンカン「とんでもねえっす、『失敗《すっぱい》[13]するから止めておけ』『お前にできるは
　　　　ずがねえべ』『失敗すたらどうするんだべさ』その繰り返すであ
　　　　りますた」
ブチョー「そうやって何度も刷り込まれた価値観は、そう簡単には覆せはし
　　　　ねえもんだ。じゃが、この第三の解釈の凄いところは、一瞬にし
　　　　て解釈を変えることができる点じゃ」
ホンカン「ステキー」
ブチョー「この第三の解釈こそ、セールスマンを無敵にしてくれる秘訣なの
　　　　じゃ！」
ホンカン「キャー、許してー！」
桑　森「ちょっと、あんたうるさい！」
ホンカン「ホンカンに向かってうるさいとは何だね！　タイホするぞ！」
桑　森「うわ、職権乱用！　だいたいあんた、今職務中じゃないのか？
　　　　こんなとこで油売って[14]ていいの？」

13▼人からやる気やチャレンジ精神を奪ってしまう悪い魔法の言葉。

14▼昔から思っていたけど、この言葉は、ガソリンスタンドで働いている人に失礼だよね？

ホンカン「何を言っとるのかね。ホンカンはただいま公園の巡回中であるぞ」
桑　森「ちぇ、いいかげんだなあ」
ブチョー「さあ、ここで問題。その第三の解釈とは何じゃ？」
桑　森「それがわかってりゃあ、苦労しねえよ」
ブチョー「逆転の発想じゃ」
ホンカン「すっぱい……酸っぱいの逆は、甘い！」
ブチョー「あほう」
ホンカン「んじゃ、苦い！」
ブチョー「たわけ者」
ホンカン「あ、うまい！」
ブチョー「だからてめえ、訛ってんだよ！　すっぱいじゃない。失敗じゃ」
ホンカン「んだから、すっぱい」
ブチョー「しっぱい」
ホンカン「しょっぱい？」
ブチョー「しっぱい！」
ホンカン「おっぱい？」

15▼本来「調子に乗る」のはいいことなのに、いつから悪い意味にすり替えられたのか？

ブチョー「ふざけてる？」
ホンカン「しょっぱいおっぱい」
ブチョー「出ていけー」
ホンカン「すつれいしました！　確かにホンカンは調子に乗っとりました」[15]
桑　森「こらあ！　ここは、お笑い養成所か！」
ブチョー「あー、すまん、すまん。で、何の話じゃった？」
桑　森「（ブチョーの真似をして）第三の解釈じゃ！」
ブチョー「面白い！」
桑　森「面白くない！」
ブチョー「いや面白い！」
桑　森「面白くなーい！」
ブチョー「じゃから、面白いというのが第三の解釈じゃ！」[16]
桑森、ホンカン「面白い⁉」
ブチョー「そうじゃ」
桑　森「何で失敗が面白いんだ？」
ブチョー「まだわからんか」

オーケストラの演奏者が調子に乗っておらず、調子っぱずれだったら？　ワールドカップで日本代表が調子に乗っていなかったら？　きっと誰かずる賢い権力者が、人からパワーを奪ってコントロールしやすくするために「調子に乗るのは悪いことだ」と教え込んだに違いない。人は調子に乗ると、パワーを発揮してしまうからね。

16▼「面白い」は何からできているのか、逆から考えてみよう。平凡な話は面白くない。無難なゲームは面白くない。怖くないお化け屋敷は面白くない。楽な仕事は面白くない。つまり、面白いのは、非凡だったり、難しかったり、怖かったり、大変だったりすることだね。まあそれはわかったけど、じゃあどうすれば、大変なことや難しいことが「面白い！」って感じられるようになるかって？　まあ、焦らずにもう少し台本を読み進めてみてくれ。

桑森「わかんねえよ」
ブチョー「もしドラマなら？」[17]
桑森「ん？　何の話だ？」
ブチョー「もしドラマの脚本じゃったとしたら、成功するシーンと失敗するシーン、面白いのはどっちじゃ？」
桑森「そりゃあ、失敗するシーンの方が面白いけど」
ブチョー「そういうことよ。ドラマを面白くさせようとしたら、まずは失敗のシーンをたくさん作るじゃろ。今日のおめえのナンパのシーンがもしドラマじゃったとしたらどうじゃ？　面白いと思うか？」
桑森「……いや、面白いどころか視聴率は取れねえよ」
ブチョー「あるいは、いとも簡単にナンパを難なくこなしていったとしても、そんなドラマも面白くはないじゃろ？」
桑森「確かに」
ブチョー「おめえが監督なら、どんなシーンを撮りたい？」
桑森「そうだな、ナンパした後、暗い四畳半の部屋に連れ込んで……」

17▼今ばかり見るから辛いんだ。そこで「人生ドラマ化計画」！　あなたは、主人公として生きるか？　それとも脇役として生きるか？

ブチョー「バカ野郎！　それじゃあポルノ映画じゃろ！　下ネタ禁止！　今度言ったらホンカン君に逮捕してもらう」
ホンカン「了解すますた！」
ブチョー「感動するストーリーにするにはどんなシーンにする？」
桑　森「ああ、そうだな……失敗しても失敗しても、何度でも挑戦していくシーンだな」
ブチョー「そういうことじゃ。それがドラマとして面白いのじゃ。しかしおめえは、失敗を恐れて挑戦をしなかった。うまくいきそうな相手をひたすら探し続けておった。はあ、まったく面白くない。そんなドラマを誰が観る？」
桑　森「くぅ……」
ホンカン「どうすた若者！」
ブチョー「セールスはドラマのワンシーンじゃと思え。初めからうまくやろうと思わずに、むしろ逆じゃ。初めはドラマを盛り上げるためにわざと失敗するようにやってみろ」[18]
桑　森「わざと失敗するように？」

18▼ミスタージャイアンツこと長嶋茂雄がデビューしたての頃、打とうとすればするほど三振してしまうので、どうせ明日もスポーツ新聞の一面に、自分の三振した写真が載るんだから、それならばとカッコいい三振の仕方を練習したそうだ。すると翌日からヒットが打てるようになったとさ。

ブチョー「そうじゃ。それが逆転の発想じゃ！」
桑　森「なるほど、失敗するように声をかければいいんなら、簡単じゃねえか！」
ブチョー「よし、じゃあやってみよう。君（ホンカンに）通行人の女。さあ、桑ちゃん、ナンパが失敗するように元気にいってみようか！オーケー？　よーい、アクション！」

ホンカン、携帯をいじりながら体をくねらせて下手から上手へ歩き出す

桑　森「はーい、お姉ちゃん、一人？　ねえねえ、おいらとお茶しない？」
ホンカン「きゃあ、け、結構です！」
ブチョー「いいねえ、はい次！」

ホンカン、くるっと向きを変えて上手から下手へ

桑　森「ヘイヘイ！　かわいこちゃん！　一緒に朝まで遊ぼうぜ！」
ホンカン「い・や・だ！　ふん！」
ブチョー「いいじゃん、いいじゃん。もっといけー！」

ホンカン、下手から上手へ

桑　森「あ、ちょっとちょっと！　お嬢さん！　落としましたよ」
ホンカン「え？　何？」
桑　森「はい！　見えない天使の羽。ねえ、僕と食事でも行かない？」
ホンカン「間に合ってます！」
ブチョー「よーし、もっと調子に乗っていこうか！」

ホンカン、上手から

桑　森「ハーイ、お待たせ子猫ちゃん！　ねえねえ暇ならホテルでも行こうぜ！　変なことしないからさあ、いいことしようぜ」

ホンカン「いやらしい！」
桑　森「ケチケチすんな！　ちょっとくらい触らせろ！」
ホンカン「はい、強要未遂罪で逮捕！」
ブチョー「カット、カット！」
桑　森「（ホンカンに向かって）汚ねえぞ、じじい！」
ブチョー「はいはい、そこまでじゃ！　おい桑森、どうじゃ、心のブレーキは？」
桑　森「あ、……完全に外れてる」
ブチョー「その通り！　心のブレーキは、潜在意識の仕業じゃ。じゃから外そうといくら意識しても無駄なのじゃ。その代わり、[19]自然にブレーキが外れる状況を作ってやれば簡単に外れるってわけさ」
桑　森「ドラマを面白くするために、初めはわざと失敗してやろう。そう思ってやれば、ナンパでも飛び込みセールスでも怖いものなしだな。おっさん、いやブチョー、やっぱあんたは天才だぜ！」
ブチョー「いいか、（ボードを使って図5）契約数ってのは、アタック数×契約率じゃろ」

19▼これが指導者の腕の見せどころ。ブレーキがかかってることを言い当てても、外してやれなかったらそれは指導者ではなく、ただの解説者である。

〈図5〉

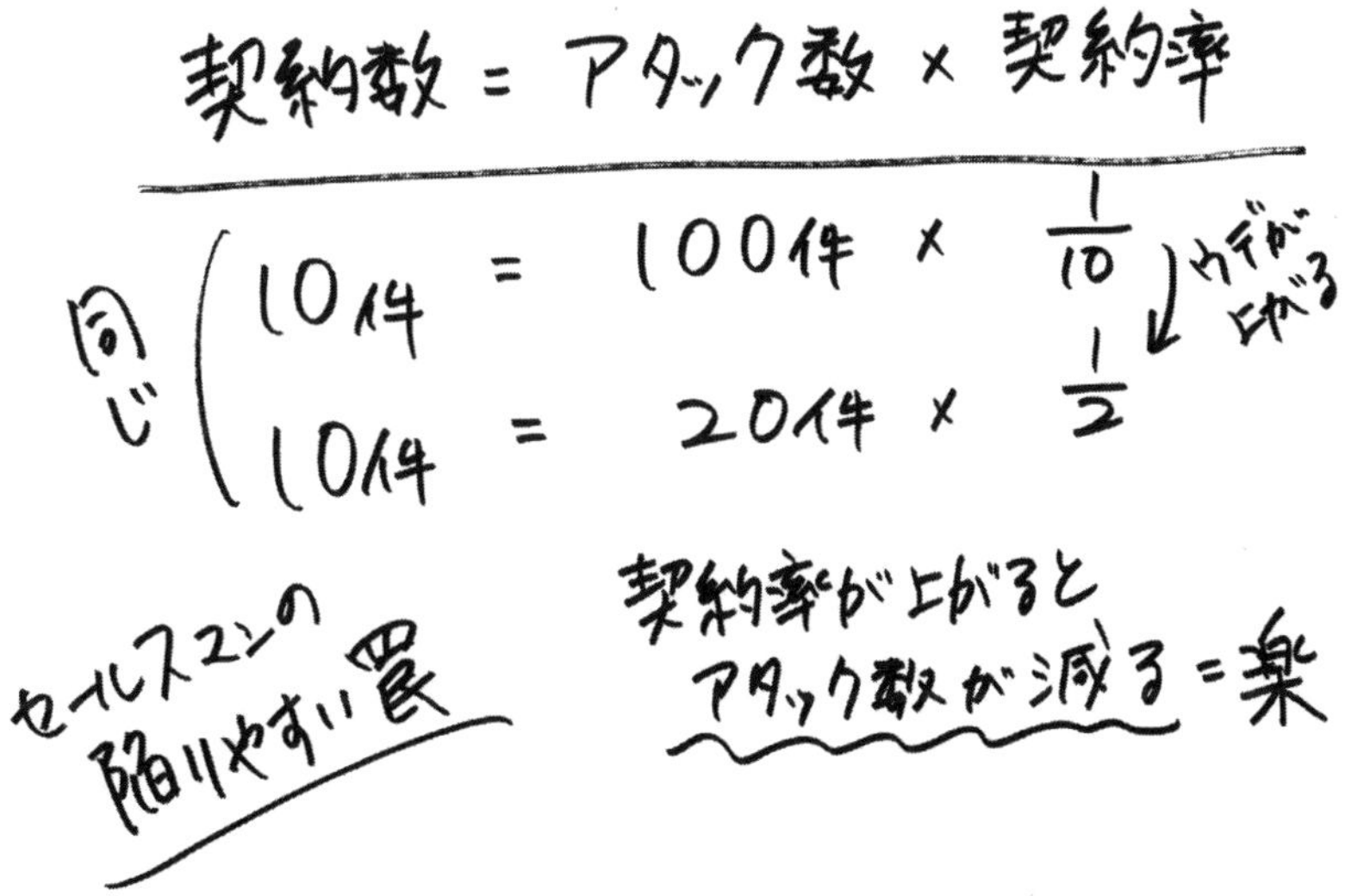
契約数＝アタック数×契約率
同じ
10件＝100件×1/10
10件＝20件×1/2
ウデが上がる
セールスマンの陥りやすい罠
契約率が上がるとアタック数が減る＝楽

ホンカン「ふむふむ」
ブチョー「契約率が十分の一の奴が百件プレゼンすれば契約数は？」
桑　森「十件」
ブチョー「じゃあ、契約率が二分の一の奴が二十件プレゼンをすれば？」
桑　森「やっぱり十件だ」
ブチョー「そうじゃ。百件訪問しても、二十件訪問しても、同じ十契約じゃとすると、当然訪問件数が少ない方が楽じゃな。するとじゃ、みんな契約率を上げるセールススキルに夢中になって、そんなセミナーばかりに群がるのじゃが、そこが落とし穴じゃ！」
ホンカン「しぇーっ」
ブチョー「ベテランになってくると必ず陥る落とし穴。プレゼンスキルが身について契約率が上がってきているのに、肝心の契約数が上がってこない。なぜなら契約率が高くなった分、アタック数が減ってくるからじゃ」[20]
桑　森「そんなもんなのか？」
ブチョー「契約率が低かった新人の頃は、がむしゃらにアタックしてノルマ

20▼これをメンタルのサーモスタット機能という。サーモスタットとは、温度の自動調節装置のことだ。一定の温度より下がれば熱源のスイッチが入り、上がればスイッチが切れる。

を達成していたセールスマンも、腕が上がってくるにしたがって楽をしようとアタック数を減らす。頑張れば頑張った分の歩合給を貰えるというのに、人間は楽[21]をする方に流れていく。なぜじゃと思う？」

桑　森「不真面目だからだろ」

ブチョー「違う！　むしろ真面目な奴ほどサボるのじゃ」

ホンカン「何ですと⁉」

桑　森「意味がわかんねえ」

ブチョー「つまりこういうことじゃ。（ボードを使って、図6）メンタルってぇのは、強いのか弱いのかという縦軸、それだけじゃなく、硬いのか柔らかいのかという横軸に分けられる。普通メンタルを鍛えて強くしようとすると、無意識にこっちの硬くする方にもなっていく。つまり強くて硬いメンタルになる。一見硬いことが強いように思えるじゃろ」

ホンカン「なるほど、なるほど」

ブチョー「この硬いってのは、わかりやすくいうと『真面目[22]』ということじゃ」

21▼楽をしようとする力のことを「負の引力」という。負の引力は強くて手強い。

22▼人格を否定するつもりはない。厳密に言えば真面目がダメというより、真面目すぎるのがダメなんだ。真面目すぎると、ルールにないこと、前例にないことができないから、臨機応変に行動したり、考えたりすることができない。

〈図6〉

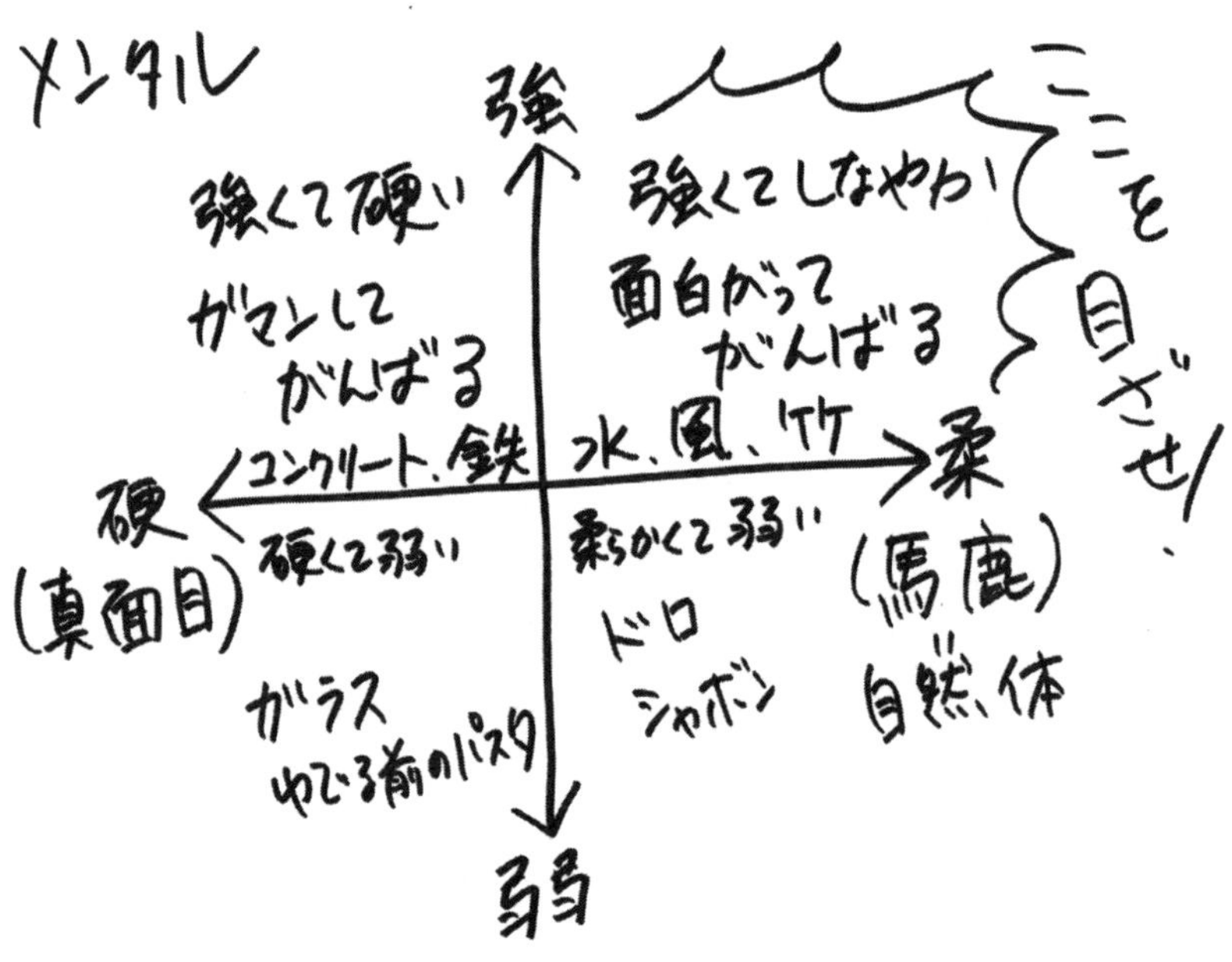
メンタル
強
弱
硬
(真面目)
柔
(馬鹿)
自然体
強くて硬い
ガマンして
がんばる
強くてしなやか
面白がって
がんばる
コンクリート、金鉄
水、風、竹
硬くて弱い
ガラス
ゆでる前のパスタ
柔らかくて弱い
ドロ
シャボン
ここを目ざせ!

桑　森「真面目がダメなのか⁉」
ブチョー「ああダメじゃ」
ホンカン「な、なぬ！」
ブチョー「真面目に頑張るたあ、どういうことかわかるか？　嫌なこと、辛いことを我慢して頑張るっちゅうことじゃ」
桑　森「それのどこがダメなんだ？」
ブチョー「我慢しておるから[23]、楽をしたくなるんじゃ。それでも契約が取れるんなら我慢もまだ報われるというもんじゃが、契約が取れなかったらどうなる。我慢に我慢を重ねた結果、心が折れてセールスの世界から去っていくんじゃ。数日前の誰かさんみたいにな」
桑　森「うっ……。じゃあ不真面目がいいって言うのか？」
ブチョー「ははーん、やっぱりそうきたか。真面目の反対は不真面目じゃと[24]思ったら大間違いじゃ」
ホンカン「うそぉ！」
桑　森「でたらめ言うな！」
ブチョー「でたらめなもんか。真面目も不真面目も自然界にゃぁ存在しない

23▼我慢をしてるからサボりたくなる。面白い漫画を読んでるとき、面白いゲームをしてるとき、途中でサボりたくなるか？我慢して営業を頑張るのか？面白がって営業をやるのか？どっちがいいか、よーく考えてみよう！

24▼真面目の反対は不真面目？成功の反対は失敗？

んじゃ。真面目なライオンや、不真面目なキリンがおるか？　真[25]面目も不真面目もどっちも不自然なもので同じことじゃ。表裏一体ってことよ。いいか、真面目の反対は自然体、つまり『馬鹿』のことじゃ」

ホンカン「どしぇー！」

桑　森「真面目の反対は馬鹿だと⁉」

ブチョー「おめえ、馬鹿は頭が悪いことじゃと思ってねぇか？」

桑　森「違うのか？」

ブチョー「全然違う。馬鹿力《ばかぢから》っていうのは、頭が悪い奴の力のことか？　違うなぁ」

桑　森「あ……」

ブチョー「馬鹿みたいに頑張ってるね！　っていうのは頭が悪い人みたいに頑張ってるっていう意味か？　それも違う」

桑　森「そう言われれば」

ブチョー「馬鹿[26]とは、制御しないこと。コントロールできないこと。止めないことや、あきらめないこと。自由で柔らかいことじゃ。馬鹿力《ばかぢから》

25▼不真面目とは、不真面目なことに真面目なんだよ。この意味わかるかな？　もう少しわかりやすく言おう。例えばルール。真面目な人はルールを守るよね。でも不真面目な人は、ルールは守らないという自分で作ったルールを守ってるんだ。屁理屈に聞こえるかもしれないし、真面目な人とは逆のルールだけど、どちらもルールを守ってる真面目な人なんだ。

26▼自転車のブレーキが効かなくなってたとき、ブレーキが馬鹿になってるって言うだろ？　心のブレーキは馬鹿になった方がいいんだぜ！

は、普段は使うことができないようにかかっているブレーキが、命の危険などを感じたときに外れて、突然使えるようになるじゃろ。つまり、本来持っているとてつもなく大きな力のことじゃ」

桑　森「真面目は硬くなること。馬鹿は柔らかくなること。じゃあ、頭が悪いことは何て言うんだ？」

ブチョー「頭が悪いことは」

桑森、ホンカン「悪いことは？」

ブチョー「くるくるパーじゃ！」[27]

桑森、ホンカン「くるくるパーか！」

ブチョー「そうじゃ、辛いことやしんどいこと、大変なことや難しいことを『我慢』じゃなくて、馬鹿になって『面白い』と思えたらどうなる？」[28]

ホンカン「ドキッ！」

ブチョー「本当に強いのは、硬いコンクリートや鉄じゃねえ。コンクリートを砕くのは、水や風じゃ。水や風は、硬いか？　いや、柔らかいのじゃ」

ホンカン「がびーん」

27▼今では差別用語になっているらしいが、昭和三十年前後の流行語なんだ。五十年代には「パープリン」という言い方が流行ったな。

28▼16の答え！　面白いと感じられないのは、真面目に考えてるからなんだ。馬鹿にならないと面白いとは感じられないぞ。でも馬鹿になろうなんて思う必要はない。だって本当は、生まれたときからずっと俺たちは馬鹿なんだから！　他人から馬鹿な人だと思われたくなくて、今まで馬鹿じゃないふりをしてきただけなんだ。

ブチョー「しんどいことや大変なことや難しいことを面白いと思える解釈こそ馬鹿な解釈で、柔らかいということじゃ。どうじゃ、面白いことをサボろうなんていう発想があるか？　面白いことを途中でやめたり、あきらめたりできるか？　ゲームってのは難しいほど面白いんじゃろ？　簡単なゲームの方が面白いか？　カニとじゃんけんをし続ける遊びで、徹夜できるか？　一番強いボスキャラがウサギっていうゲーム、金を出して買うか？　文化祭や体育祭だって大変だったときの方が面白かったじゃろ！」[29]

ホンカン「はい、反論できまっしぇん！」

ブチョー「つまり、人間がサボろうとするのは真面目とか不真面目の問題じゃねえ。解釈力の問題よ。解釈力のない奴が、勝手に真面目に心を硬くする。じゃが解釈を磨けば心は柔らかくなるし、馬鹿になれる。馬鹿は偉大じゃぞ！[30]　本当にメンタルを強くするってぇ意味は、強くてしなやかな心にすることなんじゃ。柔軟な解釈力を身につけろよ、桑森！　馬鹿になるのじゃ！」

桑　森「そうか、アタック数を減らさないようにするためには、アタック[31]

29▼例え話連発！　どうだ、説得力があるだろう。

30▼物語の主人公はだいたい馬鹿。ルパン三世然り、フーテンの寅さん然り、クレヨンしんちゃん然り、孫悟空然り。アンパンマンに至っては、自分の顔を人に食べさせるなんて、もう愛すべき大馬鹿。

31▼このくだりのすべては、契約率が上がってもアタック数を落とさないようにするためのスキルなのだ。だからスキルを使うのだ。簡単そうで一番難しい。本当に実績が上がるから、どうなっても知らないよ！

することが、つまり断られることが面白くなればいいんだな。確かに面白いゲームは、負ければ負けるほどどんどん熱くなって、もう一回、もう一回って勝つまでやり続けるな」

ブチョー「どうやら腑に落ちてきたようじゃな。いいか、簡単に契約を取ろうとは思わずに、ドラマを面白くすることを考えろ！　これがセールスメンタルの第一段階じゃ。しかもこれはセールスだけの話ではない。人生も同じじゃ。嫌なこと、辛いこと、大変なこと、理不尽なこと、そんなことがあったら落ち込んでる場合じゃねえ。それこそ、もし自分のドラマを面白くしてくれるための演出じゃと思えたら？」

桑　森「[32]人生は無敵だ！」

ブチョー「そうじゃ！　セールスメンタルとセールススキルを極めた者、それを[33]マスター・セールスマンと呼ぶ」

桑　森「マスター・セールスマン！」

ブチョー「そうじゃ。結局人間力の差なんてもんは、[34]解釈力の差なんじゃ」

ホンカン「ためになるなあ」

32▼人生モテキもいいが、人生無敵はもっといい。

33▼目指すのは、トップセールスマンではない。マスター・セールスマンだ。

34▼解釈力とはセルフコミュニケーション。セールススキルを身につけたければ、セルフコミュニケーションを磨くことは絶対条件である。何度でも言おう、健全なメンタルの上にしかスキルは構築できない。

ブチョー「ははは！　馬鹿になっちまえ！　そして失敗は面白い！　と言ってみろ。セールスマンにとっちゃ『失敗は当たり前』なんちゅう解釈よりも『失敗は面白い』っちゅう解釈の方が、価値があるんじゃ」

桑　森「そうなのか？」

ブチョー「いいか、当たり前にする[35]ということはじゃ、感性を鈍らせるということじゃ。心をなくして機械のようになるっちゅうことよ。ファーストキッスはドキドキするが、同じ相手との百回目のキッスはどうじゃ？　感じる力がなくなっとるじゃろ？」

ホンカン「なるほど、かみさんとのキッスにときめきがないのは、そういうことでありますか！　ためになるなあ」

ブチョー「相手の心に影響を与えるセールスマンが、感性を鈍らせてどうする！　それに引き換え失敗は面白いという解釈は凄いぞ。何しろ失敗するたびに面白がっとるんじゃから、感性が鈍るどころかいつもワクワクしておる。ちょっと想像してみろ、失敗[36]してもワクワクしておるようなセールスマンを」

35▼この世に当たり前なんてものがあるだろうか？　蛇口をひねれば水が出るのも、スイッチを押せば灯りがつくのも、ましてや自分がこの世に誕生したことも。本当は奇跡的なことなのに、それが当たり前になっているとしたら？

36▼赤ちゃんが無敵なのは、失敗を恐れないからだ。赤ちゃんに「不可能」という概念はない。だから転んでも転んでも何度でも立ち上がり、そしてついに二本足で歩き始める。

桑　森「まさに無敵だ」
ホンカン「ドロボー取り逃がしてもニコニコしているお巡りさん……それは無能じゃ」
ブチョー「金輪際、失敗を嫌うな！」
桑森、ホンカン「はい！」
ブチョー「真面目になるな、馬鹿になれ！」
桑森、ホンカン「はい！」
ブチョー「馬鹿になって失敗を喜べ！」
桑森、ホンカン「はい！」
ブチョー「失敗したということは、挑戦したという証拠！」
桑森、ホンカン「はい！」
ブチョー「失敗するたびにおめでとうと言え！」
桑森、ホンカン「はい！」
ブチョー「よし、マスター・セールスマンになるために新しい価値観を刷り込んでいく」[37]

37▼価値観を変えるには、何度も繰り返し反復するしかない。逆に言えば、繰り返し反復をすれば、どんな価値観も定着する。生まれつきいじけている赤ちゃんはいないが、何度もいじけていれば、いじけた大人になってしまう。何にでも挑戦する勇気ある人間になりたければ、挑戦を繰り返せばいいのだ。

『ロッキーのテーマ』[38]、カットイン

ブチョー「『あしたのために、その二』（ファイティングポーズ）失敗してもめげるどころか、失敗するたびに強くなるメンタル。それを手に入れるためには、やや内角を狙い、えぐりこむように馬鹿になるべし！（パンチ）」

桑森、ホンカン「（ファイティングポーズ）やや内角を狙い、えぐりこむように馬鹿になるべし！（パンチ）」

ブチョー「へその下から、湧き出るように馬鹿になるべし！」（以下台詞の後、パンチ）

桑森、ホンカン「へその下から、湧き出るように馬鹿になるべし！」（以下台詞の後、パンチ）

ブチョー「失敗は悪くない！　挑戦した証拠！」

桑森、ホンカン「失敗は悪くない！　挑戦した証拠！」

ブチョー「失敗したらおめでとう！」[39]

桑森、ホンカン「失敗したらおめでとう！」

38▼昔TV番組でやっていたんだが、限界まで腕立て伏せをさせ、『ロッキーのテーマ』を聞かせると、そこからさらに数回頑張れるということを検証していた。驚いた！　人間の潜在能力を引き出すのに、音楽はかなりの影響力を持つということだ。

39▼次々と一家に悲惨なことが起こるのに、なぜか悲壮感がない不思議な小説、ジョン・アーヴィングの『ホテル・ニューハンプシャー』　悲しみという染みを受け入れたとき、それは浄化され、おかしみという素敵な染みへ変化するのだと感じた。この世界観がわかる人は『ガープの世界』もぜひ読んでくれ。そして悲しみについて語り合おうではないか。

ブチョー「失敗万歳！」
桑森、ホンカン「失敗万歳！」
ブチョー「セールスはドラマじゃ！」
桑森、ホンカン「セールスはドラマじゃ！」
ブチョー「人生はドラマだ！」
桑森、ホンカン「人生はドラマだ！」
ブチョー「失敗、サンキュー！」
桑森、ホンカン「失敗、サンキュー！」
ブチョー「いっぱい失敗おめでとう！」
桑森、ホンカン「いっぱい失敗おめでとう！」
ブチョー「しょっぱいおっぱい大失敗！」
桑森、ホンカン「しょっぱいおっぱい大失敗！」
ブチョー「すっぱいおっぱいありがた迷惑！」
桑森、ホンカン「すっぱいおっぱいありがた迷惑！」
ブチョー「でっかいおっぱい気をつけろ！」
桑森、ホンカン「でっかいおっぱい……」

照明、フェードアウト
バカバカしい掛け合いの言葉が輪唱のように暗闇に響いている
やがて音楽盛り上がって

第一幕　三十年前　第四場

数日後
音楽、カットアウト
暗闇の中、一発の銃声
うめき声
続いて二発三発の銃声、うめき声
スポットライト①舞台中央でスローモーションで倒れていくブチョー
悲しいＢＧＭ[1]
スポットライト②下手で拳銃を持って震えているホンカン
スポットライト③上手で呆然と立ちすくんでいる桑森

桑　森　「うおぉー、おっさん！」
ホンカン「う、う、ううぅ（腰が砕けてしゃがみ込む）」
桑　森　「（ブチョーにすがりついて）死ぬなー、死んじゃだめだ！　おっ

1▼『太陽にほえろ！　愛のテーマ』静かにカットイン。刑事が殉職するときに決まって流れる、あの悲しい曲。

さん、おっさんよぉ！　しっかりしてくれ！　（ブチョー、何か言おうとして手を上げるが、ガクッとなってこと切れる）おっさーん！　……（ホンカンに）きさまあ、何で撃ったんだ！」

ホンカン「ひ、ひぇー」

桑　森「何で撃ったんだよ！」

ホンカン「そ、そいつが悪いんじゃ。ホ、ホンカンのことをバ、バカにすやがって」

桑　森「何だとぉ、てめえそんなことで……（ホンカンに近寄る）命を何だと思ってんだ。てめえそれでも警官か！」

ホンカン「来るな！　来たら、お、お前も撃つ！」

桑　森「は、笑わせるな。俺は今猛烈に怒ってんだ！　てめえのような表六玉《2ひょうろくだま》にやられるわけがねぇ！」

ホンカン「く、来るな！」

桑　森「拳銃をよこせ」

ホンカン「やめろ！」

桑　森「さあ、よこすんだ」

2▼表六玉、語源は亀。のろまな亀が、危険が迫ってきても六つの部分（頭＋手足＋尻尾）を表に出しっぱなしにしたことから「表六」。つまり、鈍くさいうすのろな人間を指す。

ホンカン「うわぁー（発砲する）」

桑森、ドーンと後ろに飛ばされて尻餅をつく
BGM、カットアウト

間

桑　森「どしたんだ？　ん？　どしたんだ？　……（腹を抑えていた手に血が付いてるのを見て）何じゃこりゃぁー[3]（よろよろと立ち上がるも、膝から崩れていく）」
ホンカン「うわぁーーー」

ブチョー、ひょっこり上半身を起こして

ブチョー「ハイ、カット！　集合」

3▼昭和世代なら、誰もが一度は真似をしたシーン。この台詞だけで何のドラマかわかってしまうのは、このシーンを何度も何度も見る機会があったから。これが繰り返し反復の効果。逆に平成世代には意味がわからないだろう。セールスメンタルを鍛え、プレゼンスキルを身につけたければ、この台本を何度も繰り返し反復するべし！

照明、カットイン
スポットライト消える
三人立ち上がって中央へ

桑　森　「どうっすか、今の演技?」
ホンカン「ホンカンは?　ホンカンは?」
ブチョー「ホンカン君、君ねえ本物の銃を撃ったことある?」
ホンカン「いえ、一度もないであります」
ブチョー「え?　訓練とかでもないの?」
ホンカン「はい、怖いので適当にごまかすておりますた」
ブチョー「だからねえ、君は撃つときに手が伸びるんじゃや。ほんとに銃を撃ったら、反動でこうなるじゃろ!　逆なんじゃよ。君の銃の撃ち方は水鉄砲じゃや[4]」
桑　森　「うひゃひゃ、水鉄砲!」
ブチョー「桑森!」
桑　森　「は、はい!」

4▼実際の水鉄砲には威力がある。水が勢いよく飛び出すのは、一つの小さな穴に集中して圧力がかかるからだ。穴がたくさん開いていたら、じょうろのようになってしまう。これは、プレゼンでも同じこと。たくさん喋れば喋るほど、言葉の威力は失われる。話したい言葉を「間」に変えて、氣を込めて短い言葉で表せば、言葉が相手の胸に突き刺さる。

ブチョー「おめえはなかなか臨場感が出てるじゃねえか」
桑　森「いやあ、そうっすか？」
ブチョー「じゃがな、血を見てからの反応が早い。もっと頭が真っ白になった空白の時間が欲しいな」
桑　森「おお！」
ブチョー「それから、『何じゃこりゃ！』の台詞、もっと吐き出すように言ってみろ」
桑　森「何じゃこりゃ！」
ブチョー「違う！　内臓を吐き出すように言え！」[5]
桑　森「……何じゃこりゃあ！」
ブチョー「もう一回！」
桑　森「何じゃこりゃあ！」
ブチョー「よし、表現力の練習はこれくらいでいいじゃろ」
桑　森「ねえ、でもこれってセールスと関係あるんすか？」
ブチョー「大アリ喰いじゃ！」

5▼腹の底から声を出す、とも言う。感情表現が苦手な人は、頭だけで話をしていて、腹の底に溜まっている感情に蓋がしてある状態なのだ。その蓋を外す簡単な方法は、感情に表情をリンクさせること。怒った表情、悲しい表情、困った表情、嬉しい表情など、表情を豊かにすると、感情が出やすくなる。

二人無反応、シラケた空気が漂う[6]

ホンカン「（ブチョーに）ほんとに撃っていいですか？」

桑　森「撃て！」

ブチョー「アホ！　いいか、表現力の違いこそセールスマンの格の違いじゃ。役者のギャラの違いもそうじゃろ？　顔がいいだけじゃあ、高いギャラは貰えんぞ。顔よりも演技力じゃ」

桑　森「にしだとし……」

ブチョー「言うでない！　……いいか、マスター・セールスマンになりたけりゃぁ、役者[7]ばりの表現力を身につけろ！」

桑森、ホンカン「はい！」

ブチョー「あしたのために、その十二」

桑森、ホンカン「あしたのために、その十二！」

ブチョー「役者ばりの表現力を身につけるべし」

桑森、ホンカン「役者ばりの表現力を身につけるべし」

ブチョー「よし、じゃあ今日の本題に入ろう」

6▼親父ギャグやつまらないダジャレに対してシラケてはいけない！　シラケとは、無感情、無関心のことで、そんなことを繰り返し反復して、シラケる能力が身についてしまっては大変なことになってしまう。「愛の反対は憎しみではなく無関心」マザー・テレサ。

7▼セールスマンとは、ある意味役者と同じだ。観客は見込み客。プレゼンという独り芝居を通して観客に感動を与え、契約という喝采をもらうのだ。違いは、それが「台詞」なのか「本心」なのかだ。

二人、着席する

ブチョー「ずいぶん前に、メンタルブレーキの外し方をやったが、どうじゃ桑森、そろそろ初契約は取れたのか？」
桑森「いやあ、それがドアは開けられるようにはなったんだけどさ、次の壁にぶつかっちまって」[8]
ブチョー「何じゃとぉ、次の壁じゃとぉ？」
桑森「ああ、そうなんだ」
ブチョー「生意気なことを言うんじゃねぇ！」
ホンカン「ひぃぃっ！」
ブチョー「壁ってもんは、努力して売れるようになった人間にだけやってくるもんじゃ。てめぇみたいなひよっこに壁もへったくれもあるか。で、何がうまくいかねえんだ？」
桑森「く……まあ、ドアが開いてプレゼンには入れるようにはなったんだけど、全然相手が乗ってこないっつうか、で、こっちもグダグダ

8▼越えようと思っている人間にだけ壁は意味を持つ。越えなくてもいいと思っている人間にとっての壁は、ただの言い訳の材料でしかない。

ダになっちまって、結局断られるか、保留になるってわけさ」

ブチョー「なるほど、確かにおめえは玄関のドアは開けられるようになったかもしれねえが、客の心の扉は開けられてねえ」[9]

桑　森「何だいその扉ってぇのは？」

ホンカン「はい、扉というのは、部屋から出たり入ったりするための開閉式の……」

桑　森「そんなことは、わかってるよ！」

ブチョー「ただの扉じゃねえ。心の扉じゃ」

桑　森「心に扉があるのか？」

ホンカン「心の扉！　開いて、飛び出て、ジャジャジャジャジャーン！」

桑　森「おめぇは、口の扉を閉じてろ！」

ブチョー「いいか、脳みそとは違って、心にゃぁ開いたり閉じたりする扉があるんじゃ。それが心理学の面白れぇところよ。扉が開いてりゃぁメッセージは入るが、扉が閉まってるときにゃぁメッセージは入らねぇ。それでも無理にプレゼンを続けりゃあ、相手は煩わしい思いをするだけじゃ」[10]

9▼「プレゼンの5ステップ」のファーストステップは、心の扉を開けるアプローチ法。この技を身につけることができれば、心を閉ざしている相手でも、苦手な相手でも、初めて会う相手でも、あなたが主導権をもってプレゼンを進められる。

10▼脳には扉がない。だから、わからせることが目的なら心の扉を開ける必要もない。やる気にさせることよりも、わからせることを重視している学校の授業は、だから面白くない。わからせることだけが目的の説明書の文章は、むろん面白くない。病院でドクターから受ける治療の説明は、面白くてはいけない。

桑森　「心の扉かぁ」

ブチョー「親が子どもを叱るとき[11]、子どもが反発するのは、たいていの親は心の扉のことを知らねぇから、扉を開けずにいきなり正しいことを入れ込もうとするからなんじゃ」

桑森　「その心の扉ってやつを、心理学を使えば開けられるのか？」

ブチョー「そうじゃ、それがプレゼンスキルってもんよ」

ホンカン「ホンカンは、師匠にそれをやられたのであります！」

桑森　「そうなのか？」

ホンカン「ええ、あれはもうマジックのようで、すら[12]ないうちに師匠に心を全開すておりました」

桑森　「おー！　心理学！　すげーじゃねえか。そうか、俺は心の扉を無視してプレゼンしてたのか」

ブチョー「心の扉を開けるのは、プレゼンスキルのファーストステップじゃ。これをしくじれば、あとのプレゼンすべて台無しじゃ」

桑森　「どうすればいいんだ？」

ブチョー「よし、じゃあ実践トレーニングじゃ。桑森、ホンカン君の心を開

11▼叱り方も大事だが、叱られ方も大事である。叱られる側は、なぜ自分のことを叱るのかをよく考えなければいけない。親は自分の子を叱るが、よその子は基本的に叱らない。飼い犬や飼い猫を叱ることはあるが、飼っている金魚やカブトムシは叱らない。なぜだと思う？

12▼一瞬で心を開くこともあれば、知らないうちに心を開いていることもある。それは恋と同じではないか。そして一目惚れした場合には、一瞬で冷めることもあるが、知らないうちに恋に落ちた場合は、なかなか冷めにくい。

いてみろ」
桑　森「お、おう。よし、じゃあいくぞ！」
ホンカン「きんしゃい！」
桑　森「んーーー、はああああー、心よ開け！　たあぁ！」
ホンカン「……」
桑　森「をりゃ！　そいや！　アチョォー」
ホンカン「……」
ブチョー「たわけ！　気合[13]で心が開くか！」
桑　森「やっぱり」
ブチョー「どんなときにてめえの心が開くのか、その心理を考えてみろ」
桑　森「うーん、どんなときかな？」
ブチョー「わからんときは、逆を考えてみるんじゃ。おめえはどんなときに[14]心を閉ざす？」
桑　森「そうだな、けなされたときかな」
ブチョー「じゃあ、その逆は？」
桑　森「そうか、褒[15]められたときか！」

13▼気合よりも練習して技術を身につけることが大事。気合で髪を切る美容師は嫌だし、気合で手術をするドクターはもっと嫌だろ？

14▼心が開いたり閉じたりするのには理由がある。化学反応と同じで、理由が解明できれば、簡単に心の扉を開けることができるんだ。

15▼日本人は、褒めるのも褒められるのも苦手な人が多い。特に身内を褒めないし、自分自身を褒めていない。厳しさも承認もどちらも大切だな。

ブチョー「そうじゃ。やってみろ！」

桑森「よし、ホンカンのおっさんを褒めりゃあいいんだな。そんなの簡単だぜ。えーっと、なんだ、ほら、うーん……あれ？」

ブチョー「どうした？」

桑森「……そうか、わかった！」

ブチョー「何がわかった？」

桑森「このおっさん、褒めるところがない！」

ホンカン「バカヤロー！」

ブチョー「桑森！　目に映るところばかり探してもダメじゃ！[16]　確かにホンカン君は、一見長所が見当たらん」

ホンカン「うそぉ！」

ブチョー「じゃがな、長所とは創作するものじゃ。[17]バスケットボール選手にとって、背が低いことは、普通は短所だととらえるじゃろ？　ところが、日本人で初めてＮＢＡに行った選手は？」

桑森「はっ！　そうか！　逆に背が低いことを活かして、二メートルを超える巨人の間をすり抜けてラストパスを出す技を磨いた」

16▼昔、盲目の画家から言われた一言。「君たちは、見えてるから見えないんだよ」

17▼長所も短所も、人間が作り出した解釈。キリンの首が長いのは本当に長所だろうか？　あんなに首が長いと、エレベーターに乗る際は邪魔になるし、車の運転も危険だよね。キリンの首が長いのは、単なるキリンの特徴でしかない。

ブチョー「その通り！　その特徴を、短所ととらえるか、長所ととらえるか、つまり相手の特徴から長所をどれだけ創作できるかがポイントじゃ」
桑　森「なるほど！」
ブチョー「一見短所だと思える特徴を、長所にとらえてみろ！[18]　例えば、足が短いは？」
ホンカン「え！　そりは、ホンカンのことでありますか？」
桑　森「えーっと、安定感がある」
ブチョー「よし、じゃあ暗い性格は？」
ホンカン「えー、ホンカンは暗いですか!?」
桑　森「……落ち着きがある。冷静沈着！」
ブチョー「うむ。しつこい性格？」
ホンカン「ぐさっ、そりは当たってる」
桑　森「粘りがある！」
ブチョー「そうじゃ。ビビりは？」
ホンカン「ぐわっ」

18▼創作は創作でも、長所の創作はおべっかとは違うぞ。ありもしないことを言うんじゃなく、特徴を長所としてとらえるんだ。さぁ、まずは自分の短所を十個、長所に言い換えてみよ！

桑　森「慎重！」
ブチョー「いいぞ。変な顔？」[19]
ホンカン「それを言っちゃぁ、おしめぇよ」
桑　森「うーん……あ！　人に優越感を与えてくれる！」
ブチョー「おお！　その調子じゃ。次は難しいぞ。足が臭い！」
ホンカン「あちゃー！」
桑　森「えぇー！　足が臭いのか！　うーん……」
ブチョー「そうじゃ、もう鼻がねじ曲がるくらい臭いのじゃ！　どうじゃ」
桑　森「うー……くそぉ」
ブチョー「うっしっしっし、降参か？」
桑　森「武器を使わないで、敵を倒せる！」
ブチョー「おお！　やりおった！」
ホンカン「どひゃー」
桑　森「ひゃっほー」
ブチョー「どんな特徴であったとしても、長所か短所かっちゅうのは、人間の解釈だけの問題じゃ。であるならば、どんなに酷い短所であっ

19▼変を嫌がる人がいるが、変とは平凡ではないということだ。平凡ではないから個性になる。しかし、みんなと同じでなくては恥ずかしいという価値観が、自分の一番の特徴である変な部分をコンプレックスにしてしまう。それは本当にもったいないことだ。パンダが、白黒なのは恥ずかしいからといって、ペンキで真っ黒に塗ってしまうことくらいもったいないぞ。

たとしても、必ず長所に言い換えることができる。そのことを忘れるな！」

桑森「おお！　相手を褒めて心を開く。こんな当たり前[20]のことを俺はやっていなかったのか！」

ブチョー「心を開いただけじゃ不充分じゃ」

桑森「まだあるのか？」

ブチョー「心を開いて、惹きつける[21]！」

桑森「惹きつける？」

ブチョー「そうじゃ、相手をプレゼンに集中させるにゃあ、惹きつけることが重要じゃ。いいか（ボードに書き込む　図7）相手が心を開いたら、安心[22]、本音、なぜ、この三つをぶち込んでやれ！　ボディ、左フック、右ストレート！　特に安心は、プレゼンをするうえで絶対に必要じゃぞ。何と言えば安心になる？　……わからんか？では安心の反対、客が不安に感じている心理は何じゃ？」

ホンカン「無理やり売り込まれることであります！」

ブチョー「その通りじゃ。その[23]不安を取り除くトークが安心じゃ。もうわ

20▼ボールをバットの芯でとらえる。塁に向かって全力で走る。打たれたボールを正確にキャッチして、素早く投げ返す。イチロー選手は、魔球を投げるピッチャーでもないし、ホームランを量産する怪物でもない。ただ野球選手として当たり前のことを極めていって世界のイチローになった。

21▼引きつけるのではない。若い心と書いて、惹きつける。

22▼はい、ここ重要！　赤線引いて！　テストに出るよ！

23▼叱られる子どもは反射的に心を閉ざす。ではまず、子どもの心を開くために必要な「安心」とは何だと思う？　ヒント、叱られることによって、子どもが一番恐れていることは何か考えればわかるね。叩かれることじゃないよ。

〈図7〉

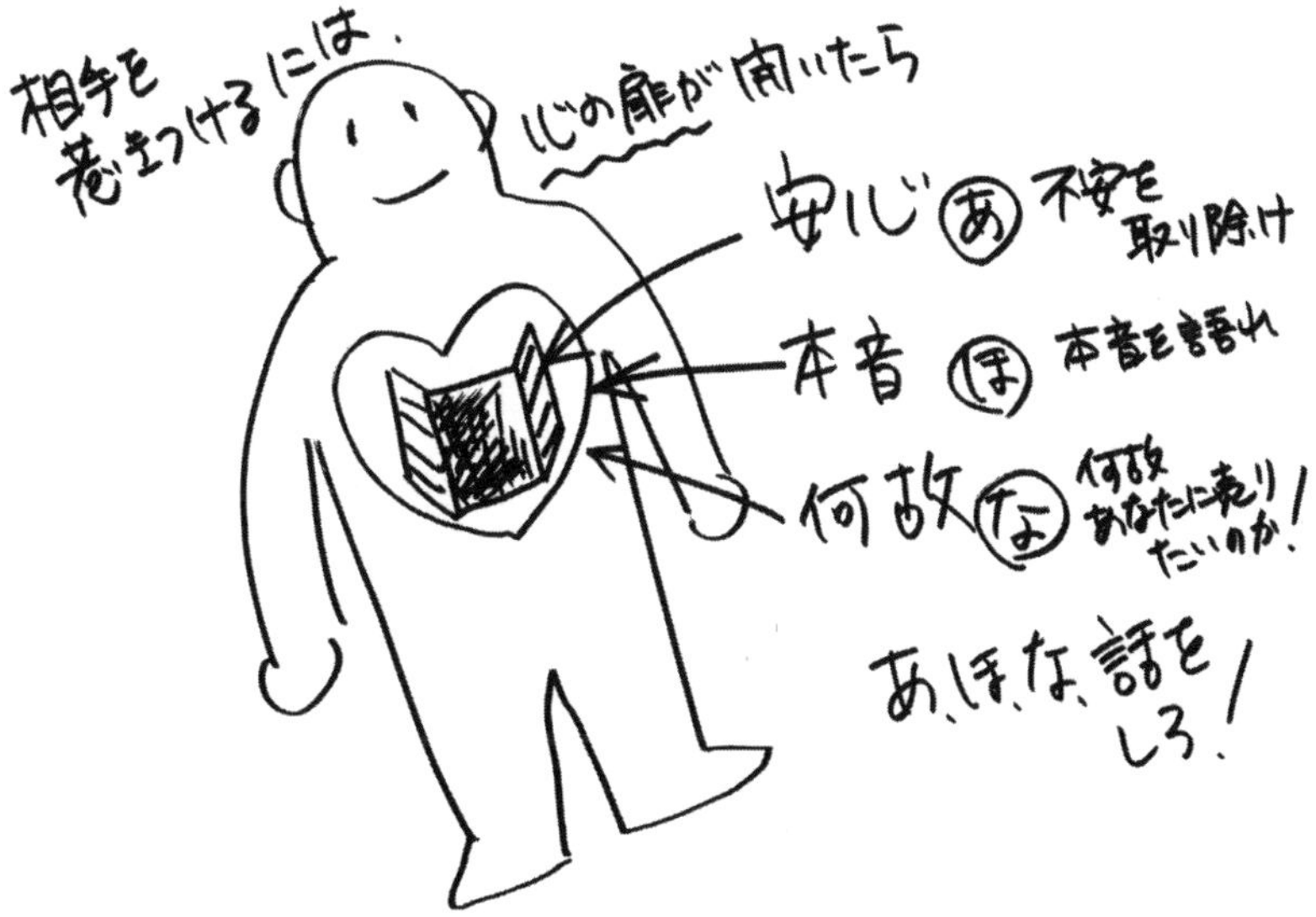
相手を
惹きつけるには、
心の扉が開いたら
安心 あ 不安を取り除け
本音 ほ 本音を語れ
何故 な 何故あなたに売りたいのか！
あ、ほ、な、話をしろ！

かったじゃろ？　桑森、言ってみろ」

桑　森「う……安心してください！　これ、変なものじゃないですよ！　えーっと、めちゃくちゃ人気のあるやつだから、きっと気に入りますよ！」

ブチョー「たわけ！　おめえは、人の心理ってもんをまったくわかっとらん！[24]　そんなこと言われたら、誰だって売り込まれると思ってますます心を閉ざす。安心とは、相手の不安を消してやることじゃ。相手の不安とは、無理に売り込まれることなんじゃから、そうでないことを[25]はっきりと言葉で伝えるだけでいいのじゃ。もう一回やってみろ！」

桑　森「あ、安心してください。無理に売り込んだりはしませんからね」

ブチョー「やればできるじゃねぇか。[26]『あなたが、必要ないと思ったら』を付け加えれば満点じゃ。そして、さらに開いた心にテンポよく本音を言う。本音とは何じゃ？」

桑　森「え？　そりゃあ……契約して欲しいってことだろ？」

ブチョー「そうじゃ。それを言うんじゃ」

24▼「私、怪しい者ではありません」という人が一番怪しいのと同じ心理。「変なことしないからさあ」。いや、絶対するでしょ！

25▼「安心」は、はっきりとわかるように言葉で伝えましょう。「大丈夫、大丈夫」というのが一番不安。何がどう大丈夫なのか、論理的に説明して欲しい。

26▼相手に安心を与えると同時に、契約に一歩近づけている上級レベルのトークである。なぜだかわかるかな？　必要ないと思ったら売り込まない、ということは、必要を少しでも感じてもらえたら？

桑　森「ええ！　そんなこと言っていいのかよ！」
ブチョー「心理学じゃよ。いいか、おめえはセールスマンなんじゃから、本音は買って欲しい、契約して欲しい、なんてことは相手も無意識にわかっておる。[27]その本音を気取って隠すよりも、正直に堂々と『本音を言えばあなたみたいな人に買って欲しい』と言った方が、好感を持ってもらえるのじゃ」
桑　森「なるほど」
ブチョー「そして、すかさず、なぜあなたに買って欲しいのか、その理由を言うのじゃ。ただし、ここで大切なポイントじゃ、[28]その理由が相手を承認する内容でなくてはいかん」
桑　森「承認って、また褒めるのか？」
ブチョー「そうじゃ。おめえは、受験用教材を販売しておるんじゃったな。[29]相手は、高校生の本人と、親御さんじゃな？」
桑　森「そうだ。必ず親子揃ってないとダメだ」
ブチョー「じゃあ、なぜその家庭に教材を買ってもらいてえのか、理由を考えてみろ。その理由が、相手を褒める内容になるようにな」

27▼A「うちに来て映画観ようよ。安心して、絶対変なことしないから。そういうこと興味ないし。ホントホントまじホント」B「うちに来て映画観ようよ。安心して、変なことなんてしないから。ホントは君に触れたいけど、でも君を大切にしたい気持ちの方が強いから、だから安心して」さあ、どっちが安心？

28▼「買ってくれたら、うちの子の薬代が払えるんです」なんていう泣き落とし戦術は卑怯である。昭和の時代にはよくあったし、うちのばあちゃんが同情してよく変な珍味をたくさん買わされていたなあ。

29▼教材販売の難しいところは、クロージングする相手が子どもと親の両方であるところだ。片方がよくても片方がダメだと言ったら契約にならない。

桑　森「そりゃあ、これで勉強を頑張れば受験に合格できるから……じゃダメか。褒めてねえな」

ブチョー「ああ、全然ダメじゃ。そんな理由ならよその家庭に売ってもいいわけじゃ。誰にでも当てはまる理由じゃぁ、相手を惹きつけることはできん。なぜあなたに売りたいのか、それが大事じゃ」

桑　森「うーん」

ブチョー「[30]プロポーズの法則じゃ」

桑　森「プロポーズの法則⁉」

ブチョー「なぜ自分にプロポーズしてくれたのかと聞かれて、高校のクラスの名簿で、『あ』から順番にプロポーズしてるんだって言ったらどうなる？」

ホンカン「アウト！」

ブチョー「君は世界一優しいからとか、君といるといつも笑っていられるからとか、そういう理由が大事じゃろ。君じゃなきゃダメなんだ！っちゅう理由じゃ」

ホンカン「キモ！」

30▼プロポーズとは、一世一代の大プレゼンだ。この広い世界の中から自分を選んでくれ、と言ってるんだからな。

31▼部下に「お茶淹れてきて」と言えば、部下はカチンときて嫌な顔をする。でも「だって君の淹れてくれたお茶が一番美味いんだもん」を付け加えると嬉

ブチョー「[31]人は、なぜなのかという理由があると、腑に落ちやすくなる」
桑　森「だってよぉ、生徒の家には初めて行くんだぜ。相手のことなんか何も知らねえのに、そんな理由、都合よく出てこねえよ。だって実際、名簿の順番通りに電話してんだからさあ」
ブチョー「そんな[32]正直さはいらんのじゃ！」
桑　森「じゃあ、嘘をつけってぇのか！」
ブチョー「[33]嘘をつけって言っとるんじゃねぇ。嘘ってのはでたらめのことじゃ。その生徒にプレゼンをする、その生徒じゃなきゃダメだっちゅう特別の理由を言えと言っとるんじゃ！」
桑　森「だから初めて会うのにそんな理由なんかわかんねぇって言ってるんだよ！」
ブチョー「おめえは、頭で考えとるからわかんねぇんだ。[34]頭で考えるな、心で感じろ！」
桑　森「心で感じるだと？」
ブチョー「そうじゃ、情報や知識に頼るな、心で感じろ！」
桑　森「う……」

しそうに淹れてくれるんだ。

32▼正直は時に人を傷つける。「お母さん、幼稚園でマー君がサンタなんていないって言ってた。ウソだよね？　いるよね、お母さん？」『いや、ホントだよ。サンタの正体はお父さんなんだよ』『ウソだあー！　えーんえーん」

33▼嘘も時には人に希望を与える。「お母さん、幼稚園でマー君がサンタなんていないって言ってた。ウソだよね？　いるよね、お母さん？」「もちろんいるよ。でもね、マー君はウソをついてるわけじゃないんだよ。お友達の中には、お母さんがいる子もいるし、お母さんがいないお友達もいるでしょ？　それと同じで、サンタがいる子もいない子もいるんだよ。だからマー君のことをウソつきって言っちゃダメだよ」「うん、わかった」

34▼「考えるな、感じろ！」ブルース・リー『燃えよドラゴン』

ブチョー「桑森、ホンカン君を見ろ。おめえは、ホンカン君に子どもがおるかどうかは知るめぇな？」

桑森「ああ、知らねぇ」

ブチョー「[35]じゃあもしホンカン君に子どもがいたとしたらじゃ、ホンカン君はどんなお父さんに見える？」

桑森「うーん、そうだなぁ、躾は厳しそうだけど、休みの日とかには一緒に遊んでくれそうに[36]見えるな」

ホンカン「そ、そうですか！　ホンカンはそんな風に見えるですか？　嬉すうであります！」

ブチョー「じゃあもしホンカン君がおめえの幼馴染じゃとしたら、どんな友達じゃと思う？」

桑森「ええ？　友達？　そうだなぁ、友達を大事にしそうだから、困ってるときにゃ親身に相談に乗ってくれたり、正義感が強そうだから、俺が間違ってるときにゃぁ本気で叱ってくれそうだな」

ホンカン「桑森しゃん！　あんたって人は……ホンカンはあんたに惚れちまうであります！　（泣く）」

35▼「もし」を使って連想する。これが、知らない相手を感じるための具体的なスキルなのだ。「もしスポーツをやってたとしたら？」「もし奥さんがいたら？」「もし自分の上司だったら？」答え方のポイントは36へ。

36▼○○に見える、という言い方なら、いくらでも褒められる。なぜなら、事実でなくてもいいのだから。感じ取った印象を素直に伝えるべし！

ブチョー「あーあ、泣かしちまったぞ」
桑　森「ちょ、ちょっとお巡りさん」
ブチョー「どうじゃ桑森、おめえは今、知らねぇことを[37]、おめえの心が感じ取って褒められたじゃねぇか。しかもホンカン君の心はおめえに全開じゃ」
桑　森「そういうことか」
ブチョー「そうじゃ。情報がなくても相手を見て何かを感じることはできる。人間は、自分の本質を隠し切ることはできん、必ず雰囲気として醸し出しておるのじゃ。それを感じ取れ。お見合いの話がきたとき[38]、履歴書よりも写真の方が大事じゃろ？　それと同じじゃ」
桑　森「なるほどね。いやあ、こいつはやられたなぁ」
ブチョー「そのときに使える方程式[39]を教えてやる」
ホンカン「方程式ですと？　(底辺)×(高さ)÷2、みたいな？」
ブチョー「そうじゃ。その式に言葉をぶち込めば、誰でも簡単に使える方程式じゃ」
桑　森「教えてくれ！　いや、ください！」

37▼人間の直感力は侮れない。何の情報を知らされていなくても、感じたことは大概当たっている。ケチそうに見える人は、やっぱりケチで、スケベそうに見える人はやっぱりスケベだ。優しそうに見えて実は……という場合もあるが。

38▼写真は不思議なものだ。「しっかりしてそう」とか「優柔不断そうね」とか何の根拠もないのに履歴よりも写真の方を信じてしまう。

39▼プレゼンの方程式こそ『ガチョウと黄金の卵』だ。

ブチョー「○○さんは、ホニャララに見える。このホニャララのところに、おめえが感じた印象を当てはめればいいのよ」

桑　森「優しそうに見える、とか？」

ブチョー「そうじゃ。実際優しいかどうか知らなくても、そう感じたのならそう言ってやりゃぁいいんじゃ。[40]この技を使えば、初めて会った相手でも無限に褒めることができるってもんじゃ」

桑　森「そうか、それを応用して、生徒の家に行ったときは……○○君は、とても頑張り屋に見える。だから本音を言えば、この教材を使って欲しい……こんな感じか！」

ブチョー「おめえ、飲み込みが早ぇじゃねぇか。よし、じゃぁ、ボディ、左フック、右ストレートの要領で言ってみろ！」

桑　森「おう！　安心、本音、なぜだったな」

ブチョー「そうじゃ、安心の『あ』、本音の『ほ』、なぜの『な』。それぞれの頭文字を取って『あほな話』[41]と覚えておけ！」

ホンカン「そんなアホな！」

桑　森「よしいくぜ！[42]　……○○君、お母さん、今からこの教材のお話を

40▼さっき私が言ったよね。

41▼アポを取るとき、あるいはプレゼンの始まりであるアプローチの段階では必ず「あほな話」を入れること。

42▼お手本のようなアプローチトーク。これを自分の商材に合わせてトークマニュアルを作るのだ。

させていただきますけど、安心してくださいね。もしこのやり方が合わないって思ったら遠慮なく言ってください。○○君にとって本当に必要なかったら、決して無理に勧めたりしませんから。ただね、本音を言えば、○○君みたいな生徒にはうちの教材を使って欲しいと思ってるんだ。なぜかって言ったら、○○君は本気になったらすごく頑張る生徒に見えるんだよね。そうですよねお母さん、○○君は昔から、本気を出せばやり遂げる子じゃありませんか？」

ブチョー「お、おめえって奴は」

ホンカン「すんばらしい！　ビューティホー」

桑　森「どうだ、ブチョーさん？　俺、合格か？」

ブチョー「ご、合格も何も、[43]まるでお手本のようなマニュアルだぜ。こいつは驚いたなぁ」

桑　森「ヒャッホー！　これでもう次のプレゼンは契約間違いなしだぜ」

ホンカン「ブラボー！　ブラボー！」

ブチョー「ふっ、さあ、果たしてそりゃあどうかな」

43▼今、私が言ったよね。

桑　森「なあに、任せなって！　そんじゃあ、おっさん、今日はここまでとしようぜ。俺は明日のためにもう寝るとするか！」

桑森、上手の段ボールの家に入っていく

ブチョー、なぜか暗い顔をして佇んでいる

音楽、フェードイン[44]

ホンカン「いやあ、彼は大すたもんですなぁ。明日《あすた》は、契約決まるんでねぇか？　ね、師匠。ん？　どうすたんすか？　なんか浮かない顔しちゃって」

ブチョー「ああ、わしの思い過ごしならいいんじゃが……」

ホンカン「な、何か彼に問題でも？」

ブチョー「もしかしたら奴はとんでもねえ爆弾を抱えておるかもしれん」[45]

ホンカン「な、なぬ？　爆弾ですと⁉」

ブチョー「セールスマンにとって致命傷になる爆弾を……」

ホンカン「ば、爆弾！　テ、テロリスト……」

44▼沢田研二『追憶』当時小学生だった私も、ジュリーの妖しい色気にはゾクッとしたもんだ。中原中也の詩を思わせるような、退廃的な美しさがあった。

45▼実際世の中の多くのセールスマンが、当時の私と同じ爆弾を抱えてセールスをしている。だからこそ、この台本を読み込んで欲しい。何度も何度も繰り返して、台詞を覚える役者のように反復してくれ。爆弾は必ず解除できる。

ホンカン、ブチョーの顔を驚きの表情で見つめる
ブチョー、不安を抱いた表情で遠くを見る
照明、フェードアウト
音楽、盛り上がる

第一幕　三十年前　第五場

暗転の中、ラジオのボクシング中継[1]
歓声の中ゴングの音

アナウンサー「バンタム級タイトルマッチ、第三ラウンドのゴングが鳴りました。矢吹、積極的にジャブを出して前に出る。チャンピオンは、矢吹のパンチをかわしながらも後ろに下がる。さあ、矢吹がチャンピオンをコーナーに追い込んだ。しかし矢吹、執拗にボディへの攻撃を続けている。これはまずい攻撃をしていますねぇ」

解説者「ええ、ボディへの攻撃はチャンピオンにことごとくブロックされてますな。顔面ががら空きなのに、矢吹君は一切顔面には手が出ない」

アナウンサー「おっとチャンピオン、撃たれながらも余裕の微笑み！　これはいったいどういうことでしょう？　なぜ、矢吹はチャンピオンの顔面を打たないのでしょうか？」

1▼このシーンは、演劇的婉曲表現である。若き日の私がセールスの現場でどんな有り様だったかを、間接的に『あしたのジョー』のワンシーンで表現することで、劇的さを演出するのであった。

解説者　「いや、打たないんじゃない。打てないんだ」
アナウンサー「どういうことですか？」
解説者　「亡霊ですよ」
アナウンサー「亡霊!?」
解説者　「そうです。力石君の亡霊に、矢吹君は取り憑かれてるんです。矢吹君が放った強烈なテンプルが力石君[2]を殺してしまった。だからそれ以来、矢吹君は相手の顔面を打てなくなってしまったんですな」
アナウンサー「そ、それはボクサーにとって致命傷ですね……あーっと、今度はチャンピオンの強烈なアッパー！　まともに受けた矢吹ダウンだ！　痛烈なダウンです！」
レフェリー「ワン、ツー、スリー……」
段平[3]　「立て！　立つんだジョー！　……立つんだジョー……立つんだ……」

ラジオの声、歓声フェードアウト

2▼力石徹。漫画の登場人物にも関わらず、主人公矢吹丈との壮絶な試合の直後死を遂げたことに対し、実際に葬儀が行われ、多くのファンが駆けつけたという伝説のキャラクター。

3▼丹下段平。丈のボクサーとしての才能に惚れ込んで、彼を一流のボクサーに育てる。風貌が、偶然にもブチョーとほぼ一致している。

交差するように照明フェードイン
桑森、上手で這いつくばっている
ブチョー、中央で桑森に背を向けて立っている
ホンカン、ブチョーの脇で心配そうに桑森を見る

ブチョー「どうした桑森、みっともねえかっこして」
桑　森「ダメだ……契約が取れねぇ」
ブチョー「ほう、何がダメなのか言ってみろ」
桑　森「おっさんに言われた通り、心を開いて、あほな話で惹きつけて、そのあとはうまく行ってたんだ。俺も全力でプレゼンしたけど」
ブチョー「したけど？」
桑　森「値段のところで急に……」
ブチョー「急にどうした？」
桑　森「急に、変な空気になって……こう、何ていうか……力が入らねぇっつうか……クロージング[4]ができねぇんだ」
ブチョー「何？」

4▼クロージングとは、「相手を本気にさせること」であるが、ここで言うクロージングとは、セールス一般で使われている「契約を迫る」という意味。

5▼表情は、言葉以上に語る。

6▼言葉を抜いて「間」に変えることで、より一層の不安を与えることになる。核心の部分をあえて言わないことで、相手は「はっきり言ってくれ」という心理になり、無意識に次の言葉を受け入れる体制になるので言葉の重みが倍増する。ドラマなどで、医者が病名をなかなか言わないシーンがまさにそうだ。相手に問題意識を深く認識させたいときはかなり有効だ。

7▼人間、生まれたばかりの赤ちゃんのときにブレーキはない。大人になっていく過程で、

桑　森「だってよぉ、値段を言ったとたん、[5]明らかに高けぇって顔になるんだぜ。でも言葉には出さねぇ。高けぇって、反論してくれりゃぁ教わった一本背負いトークでぶん投げられるのによぉ。あんな顔されちゃぁ……」

ブチョー「……そうか。まさかとは思ったが、[6]おめえはやっぱり……」

桑　森「何だよ？　やっぱり何なんだよ？」

ブチョー「……」

桑　森「え？　何なんだよおっさん。俺はまだ、心理学ってのが足りねぇだけなんだろ？　その心理学を、つまりプレゼンスキルをもっと練習して身につければいいんだろ？」

ブチョー「いや、おめえの場合それだけじゃあダメじゃ」

桑　森「え⁉」

ブチョー「おめえにゃあ、それ以前の問題がある」

桑　森「どういうことだ？」

ブチョー「前に、[7]心のブレーキの外し方を教えてやったじゃろ。あれは『失敗』に対する恐怖心というブレーキを外したんじゃが、おめえに

主に環境や教育によってブレーキは作られるのだ。しかしブレーキだけではなく、アクセルもまた同じだ。『アメリカインディアンの教え』という本にもこう書いてある。（訳・吉永　宏）

批判ばかり受けて育った子は非難ばかりします。敵意にみちた中で育った子はだれとでも戦います。ひやかしを受けて育った子ははにかみ屋になります。ねたみを受けて育った子はいつも悪いことをしているような気持ちになります。心が寛大な人の中で育った子はがまん強くなります。はげましを受けて育った子は自信を持ちます。ほめられる中で育った子はいつも感謝することを知ります。公明正大な中で育った子は正義心を持ちます。思いやりのある中で育った子は信仰心を持ちます。人に認めてもらえる中で育った子は自分を大事にします。仲間の愛の中で育った子は世界に愛をみつけます。

はもう一つ外さなきゃいけねえ別のブレーキがかかっておるようじゃな」

ホンカン「何ですと！」

桑森「いったいいくつブレーキがあるんだ」

ブチョー「そりゃあ、人それぞれじゃ。いじけ[8]や、シラケ、照れなんちゅうのも心のブレーキじゃ」

桑森「俺はそんなものないぜ！」

ブチョー「ああ、おめえにかかってるブレーキは、そんな簡単なもんじゃねぇ」

ホンカン「簡単でない⁉」

桑森「ど、どういうこった？」

ブチョー「ある意味、こりゃあおめえの致命傷[9]になるかもしれん」

ホンカン「ち、ちめいしょー？」

桑森「（吐き出すように）何じゃそりゃあー」

ブチョー「くわもりぃぃぃ！　……（大袈裟にひざから崩れ落ちる）」

桑森「よ、よせよ。脅かすなよ、おっさん。いったい何だってんだ？」

8▼「いじけ、シラケ、照れ」絶対に押さえてはいけない三大ツボ。一つでも押さえている限り、セールスの世界で活躍することはできない。

9▼言葉の持つニュアンスって面白いよね。「絶体絶命のピンチ！」の後には、一発大逆転の予感がするけど、「致命傷」の後には、悪い予感が漂ってしまう。

ブチョー「おめえのブレーキはなあ、高額商材を扱ってるセールスマンにゃぁ必ずと言ってもいいほど訪れる心のブレーキじゃ。[10]たいていの奴はこのブレーキを外せねぇまま業界を去っていく。……桑森、おめえのその教材ってのはいくらなんじゃ？」

桑　森「一教科二十万。国語、数学、理科、社会に英語の五教科フルセットだと百万だ」

ホンカン「ひゃ、ひゃくまんえん！」

ブチョー「まあ、相場じゃがな。しかしなあ、桑森よ、おめえ腹ん中じゃその金額をどう思ってんだ？」

桑　森「そりゃあ、百万は高額だけどさ、それ以上の価値もあるっていうかさ、まあ、値段っていうのは人によって価値が……」

ブチョー「そんな建前[11]はいらんのじゃ！　本音を言ってみろ」

桑　森「う……ああ、わかったよ。まあ、こんなこと言っちゃぁ身も蓋もねえが、[12]百万円あったら相当良い塾か予備校に行けるだろ」

ホンカン「そ、そ、その通りであります！」

桑　森「だから正直最初に値段を聞いたときには驚いたぜ。こんな高い教

10▼高額商材を扱っているたいていのセールスマンが、ブレーキをかけたまま、ガッツと根性というアクセルを踏んで進もうとしてしまう。そのまま進み続ければ、もちろん壊れてしまう。

11▼私たちの日常のコミュニケーションは、そのほとんどが建前である。その心理は、「相手から嫌われたくない」「いい人だと思われたい」である。へぼセールスマンは、セールスを断ってくる相手にさえ「いい人だと思われたい」と思っているので、クロージングがかけられない。

12▼これが当時の本音。売っている本人が「高い」と思っているのだから売れるわけがない。でも売るしかない。いい人でありたいのに、いい人になれない。この矛盾が心を蝕んでいく。

材、誰が買うんだってね」
ブチョー「……やっぱり、おめえは……そうじゃったか……」
桑　森「何だよ、だから何がそうなんだよ」
ブチョー「それよ！　それがおめえの心にストップをかけておるブレーキよ。おめえ自身、自分が売ってるものを高いと思っておる」
桑　森「うっ……」
ブチョー「そうすると、相手が[13]、高いからいらねえという顔をしただけで、おめえの心が共鳴してグダグダになる。それでも何とか売ろうとすると、今度はおめえの心の中に『罪悪感』[14]が生まれるのさ」
桑　森「罪悪感！」
ブチョー「そうよ、その罪悪感が曲者《くせもの》なんじゃ」
桑　森「そんなものが俺の中にあるっていうのか？」
ブチョー「ああ、おめえの無意識の中に、潜在意識[15]の中にあるから、おめえ自身気がついておらんのじゃろ」
桑　森「確かに、相手から『高い』って顔されちまうと呼吸[16]が乱れて、変な汗が出てくるんだ。……それから何をしゃべっても、自分でも

13▼金額そのものにビビってはダメだ。本当に安いと思っていたら「高い」という言葉に共鳴したりはしない。六本木の新築タワーマンション、ビル一棟丸ごと一千万円で売却。高いか？　つまり費用対効果を考えることが大事なんだ。

14▼高くていらない物を販売するのは、誰だって罪悪感が生まれる。むしろ罪悪感が生まれないとしたら、人として間違っている。では、百万円もする学習教材は売ってはいけない物なのか？　このまま桑森は、売れないまま終わってしまうのか？　いったいこの先どーなるの？

15▼人間の意識には、コントロールできる顕在意識と、コントロールできない潜在意識という二つの領域がある。潜在意識は、繰り返し反復によって作られる。

16▼動揺したり、焦ったり、過度のストレスがかかると体が反応するんだ。

嘘くさくて……」

ブチョー「罪悪感てぇのは恐ろしく手ごわいぞ。ボディブローのように、じわじわと効いてきて、やがて再起不能にさせちまう。[17]もし、健気な子どもたちが一生懸命に描いた絵を、その子らの目の前でむごたらしくビリビリに破いたら一万円くれるという仕事があったとしたら、おめえどうする？　やれるか？」

桑　森「そんなひでぇ仕事やるわけねえだろ」

ブチョー「やらなきゃ、おめえの命が取られるとしたら？」

桑　森「命が懸かってんなら、やるかも知んねぇけど……やりたかねぇな」

ブチョー「そうじゃろ。それが人間ってもんじゃ。たとえやったとしても、心が痛む。たいていの人間は、その痛みに耐えかねて途中で辞めてしまう。その痛みこそが罪悪感じゃ」

桑　森「ちょっと待ってくれ、俺のセールスはそんな大袈裟な話じゃねぇだろ？」

ブチョー「いや、おめぇは心のどこかで、セールス[18]に対して罪悪感を抱いておるんじゃ。おめえ、セールスの仕事は初めてらしいが、以前に

17▼心が痛むのは、罪悪感があるからということを実感させるために、「もし」を使いながら、例え話で小さなYESを取っている。クロージング法の中の「へビのしっぽのクロージング」である。

18▼セールスへの苦手意識は、ほとんどの場合これが原因だな。

高額な商品を売ったか、買ったかで嫌な思いしてねえか？[19] よーく思い出してみろ」

桑　森「高額？　そんなの売ったことも、買ったこともないぜ」

ブチョー「おめえ自身じゃなくとも、家族や彼女やおめえにとって大事な人のことも思い出してみろ」

桑　森「家族？　……そういやぁ、昔ばあちゃんが百万くらいする羽毛布団を買って、じいちゃんにめちゃくちゃ怒られて泣いてたっけなぁ。俺が小学校の頃、ある日飛び込みでセールスマンがやって来てよ、何だか知らないうちにばあちゃんも大喜びしてて、ばあちゃん布団で気持ちよさそうになってて、そうかと思えば今度はセールスマンは悲しい身の上話を始めて泣き出したりして、すっかり同情したばあちゃんは、気[20]がついたときには契約書にサインしてたんだ。でも俺見たんだ。そのセールスマンが帰りの車の中で大口開けて笑ってたのを……。そのあと、やっぱりその会社は問題があったようで、じいちゃんの言った通り布団は二束三文の偽物で、ニュースになって結局捕まってた。でも金は返ってこな

19▼いわゆるトラウマというやつだ。高所恐怖症の人は、たいがい幼少期に高い所から落ちそうになって、死にそうな思いをしているし、犬が怖い人は、やはり幼少期に犬に噛まれたりして恐ろしい体験をしている。この恐怖体験だけは、繰り返し反復しなくとも、たった一度で潜在意識に情報が刷り込まれてしまう。

20▼悪徳セールスの典型的な手口。同情を誘うような商法には絶対に手を出してはダメだ。人間の情を利用するなんてのは、もっとも卑劣なやり口だ。しかし最近の振り込め詐欺などは、さらに手口が巧妙化していて、人をパニック状態に陥れて金を騙し取る。そんな知恵と労力があったら志のために使え！

かったみたいで、それでばあちゃんはまたじいちゃんに叱られて、ばあちゃんはずっと『こんなもん買わんきゃよかった。人なんか信じるもんじゃねえ』って、悲しそうな顔で俺に言うんだ。俺はもうなんだか悔しくて悔しくて……」

ブチョー「それじゃ。おめえの中に刺さっておるセールスに対する悪のイメージの棘じゃ！」

桑森「そうなのか？　なあ、この棘は抜けねぇのか？」

ブチョー「ああ、簡単には抜けねぇじゃろ」

桑森「じゃあ、もう、俺はダメなのか⁉　俺にセールスはできないって言うのか？　で、でもよぉ、先輩で売ってる人間は大勢いるぜ。何であいつらは平気で売れるんだ？」

ブチョー「慌てるでない、愚か者。高額商材のセールスにおいて、罪悪感が生まれるっちゅうことは、むしろ健全なことじゃ。どんな高いものでも平気で売ってこられる奴は、セールスメンタルがちゃんと完成しておる者か、あるいは、魂を悪魔に売り飛ばしちまった奴[21]じゃ。桑森、おめえは口は悪いが、心根がばあちゃん思いでまっ

21▼昔、悪い先輩が「桑森、売れるようになりたけりゃ悪魔と契約するしかないぞ。相手のことなんか考えないで、心を鬼にして売ればいいんだよ」と言っていた。ある日その先輩は、何やら問題を起こし、突然いなくなった。

すぐな証拠じゃ」

桑　森「そ、そうなのか。……でも、このままじゃ俺は売れねえんだろ？　どうしたらいい？　うっ……まさか……悪魔と契約しろと？」

ホンカン「どーいうこと？　どーいうこと？　悪魔と契約ってどーいうこと？」

ブチョー「たわけ！　そっちじゃねえよ！　悪魔と契約なんてした奴は、いずれ自滅する。[22]ばあちゃんを騙した悪徳販売会社のようにな。結局人間は悪魔になりきれはしねえ。そんなやり方で、罪悪感が完全に消えることはねえんだ。」

桑　森「あ、ああ」

ブチョー「セールスメンタルを完成させろ」

桑　森「でもわかんねえよ！　悪魔と契約しないで、罪悪感をなくす方法なんんか！」

ブチョー「ああ、簡単にゃぁわかるめえ。心の仕組みをじっくり考えてみ[23]こったな。へぼセールスマンは、自分の罪悪感をごまかすために悪魔と契約をする。桑森、悪魔になるな。海賊になれ！」

22▼本当にそう願いたいものだが、のうのうと生き延びている奴もいる。そいつらの多くは「先生」と呼ばれている。いつの時代も世の中は矛盾をはらんでいるな。

23▼心の理《ことわり》を学ぶ、と書いて「心理学」。

ホンカン「何それ？　何それ？　海賊ってどういうこと!?」
桑　森「おっさん、何言ってんだ？　悪魔と海賊のどこが違うんだよ！」
ブチョー「あほう、全然違うわい。セールスメンタルとは、海賊メンタル[24]じゃ！」
桑　森「悪魔と契約するってぇのは、人間をやめるってことだろ？　相手に損をさせて、自分が利益を得る。悪魔は相手に一切同情なんかしねえ。こっちの都合だけで無理にでも契約を勧めることができる」
ホンカン「うわ！　悪魔！」
桑　森「だろ？　でも海賊だって似たようなもんじゃねえか！　悪魔じゃなくて天使になれっていうんならわかるけど……」
ブチョー「たわけ、天使みてえなセールスマンは、きれいごとばっかりで何も売ってこれんのじゃ。ぺを付けりゃあ、ペテン師[25]じゃ！」
ホンカン「うまいこと言うね」
桑　森「でも海賊ならいいのかよ……海賊だって悪の集団[26]だろ？　おっさんの言ってることはでたらめだ」

24▼嵐に遭って船が沈み始めると、普通の人間は、我先にと逃げ惑う。しかし海賊どもはラム酒を片手に「もっと荒れろ！」と楽しんでいる。恐るべし海賊メンタル。

25▼地上に落ちた天使は、堕天使。天に唾を吐く天使はぺ天使。

26▼悪の集団の代名詞と言えば「ショッカー」。一生懸命プレゼンをしても「いい！」としか言わない見込み客は、時折ショッカーの「イー！」と重なって見えてたなぁ。

ブチョー「おめえの言っとる海賊は、チンピラ集団のことじゃ。わしが言っとる海賊とは本物の海の男、ドラマ[27]の主人公になるような海賊のことじゃ」

桑森「わかんねぇ、降参だ。頼む、教えてくれ！」

ブチョー「これぱっかりは教えても無駄じゃ。おめえ[28]が自分で答えにたどり着けるかどうか、それだけじゃ。もしたどり着けなきゃ」

桑森「たどり着けなきゃ？」

ブチョー「おめえのセールス生命[29]は終わりじゃ！」

桑森「そ、そんなこと言うなよ、ブチョーさん。今までだっていろいろ教えてくれたじゃねえか。ビールか？　冷えたビールが飲みてえんだな？　う、でももう金がねぇ。ホンカンさん、[30]いつか返すから金貸してくれ」

ブチョー「もうその手には乗らん！　これはおめえ自身の問題じゃ。わしにもどうしようもねえ」

桑森「おっさん、そりゃねえぜ。だっておっさん言ったじゃねえか！　俺を世界一のセールスマンにしてやるって！」

27▼海賊の豪快な人生はドラマになる。『宇宙海賊キャプテンハーロック』『パイレーツ・オブ・カリビアン』『ONE PIECE』中でも、出光興産創業者の出光佐三氏をモデルとした『海賊とよばれた男』は秀逸。戦後の日本の復興に向かって戦った男たちの物語だ。

28▼教育というシステムの中で、私たちは知識を身につけることに夢中になるあまり、いつの間にか「自分で考えない人」になってしまった。疑問があればすぐに正しい答えが欲しくなる。「考えない人」は、他人に流されやすく、支配されやすい。支配する立場から言えば、「考えない人」はもっともコントロールしやすい都合のいい人材なのである。

29▼こんなところでセールス人生が終わってしまったら、一勝もしないで引退するルーキーと同じ。私はこのとき本当に崖っぷちだった。

ブチョー「さて、そんなこと言ったかのう？」

桑　森「言ったぞ！　俺はちゃんと覚えてるぞ。[31]言ったことを覆すなんてくそ野郎だ！　ビール返せ」

ブチョー「くれてやったものを返せってか？　はあー、小せぇ男じゃのぅ。しかしおめえさんもおかしなことを言うもんじゃな。こんな老いぼれのホームレスの言ったことを真に受けたってか？　世間に聞いてみろ。そりゃあ、おめえさんが悪い」

桑　森「卑怯だぞ、くそじじい！　何だよ、わかんねえよ。どうやって罪悪感をなくせばいいんだ！　どうすれば海賊になれるんだ！　[32]アルバイトニュースで募集でもしてるのか!?」

ホンカン「あ、ホンカンにはわかったかも！」

桑　森「え！　教えてくれ！　お巡りさん、何なんだよ？」

ホンカン「そう難すく考えることはないんでねえか？」

桑　森「ん？」

ホンカン「つまり売ろうとするから罪悪感が生まれるわけでありまして、だったら売らなきゃいいんでねすか？」

30▼いつか返すと言われて、返ってきたためしがない。今度飲みに行こうと言って、飲みに行ったこともない。前向きに検討しますと言われて、契約になったこともない。そのことについて、いつか今度前向きに考えてみる。

31▼人は「言葉に責任を持て」と言うが、私に言わせれば「言葉より成果に責任を持て」だ！

32▼「人間だったら、よかったのにねぇ」牛がバイトの面接に来て断られる、懐かしい日刊アルバイトニュースのCM。昔はアルバイトを探すならこれだったな。しかし今やコンピューターや機械に仕事を奪われる時代。「人間だから、申し訳ないけどごめんねぇ」こうなる日も近いぞ。

桑　森「はあ？　何言ってんだよ。それじゃあセールスの大前提がなくなっちまうじゃねえか。はーっ、ダメだこりゃ」

ブチョー「いや、ホンカン君の言っておることもあながち間違いではない」[33]

ホンカン「やっぱり！　そうでありますか！」

桑　森「何？　じゃあ売れなくていいってことか!?」

ブチョー「誰もそんなことは言うとらん」

桑　森「何だ何だ！　こりゃあ、とんちクイズか？」[34]

ブチョー「おめえにゃあ、仕事に使命感ってものがねぇんじゃ！」

桑　森「セールスに使命感？　何だいそりゃあ？　それがありゃあ、罪悪感はなくなるってのか？」

ブチョー「まあ、最後に一つだけヒントをやろう。（ボードに、図8）セールスマンは、サラリーマン根性じゃ売れねえって話はしたな？」[35]

桑　森「ああ」

ブチョー「サラリーマン根性で仕事するとこうじゃ。（仕事と書く）お仕えすることが仕事じゃ。言われたことはやる。しかしそれだけじゃ。じゃがもっと酷いのは（止事と書く）止まっておること、つま

33▼漢字で書くと「強ち」。昔、「お母さん、息子さんの言ってることも強ち間違いじゃありませんよ」というマニュアルを、「つよち」と読んでしまったことがあった。間違いじゃありませんよ、と言いながら思いっきり間違えていた。

34▼とんちクイズ。洗濯物が一番早く乾く東京23区は？　荒川区（あら、乾く）。では、ちょんまげ結った人たちが、お祭り騒ぎしてるのは何区？

35▼サラリーマン根性の特徴は、保身。保身が強いと、自分で何も決められない。決められない心理は、責任を取りたくない。だから上司に依存する。だから自分の意思を持てない。だから融通が利かない。だから機転も利かない。だから契約も取れない。

〈図8〉

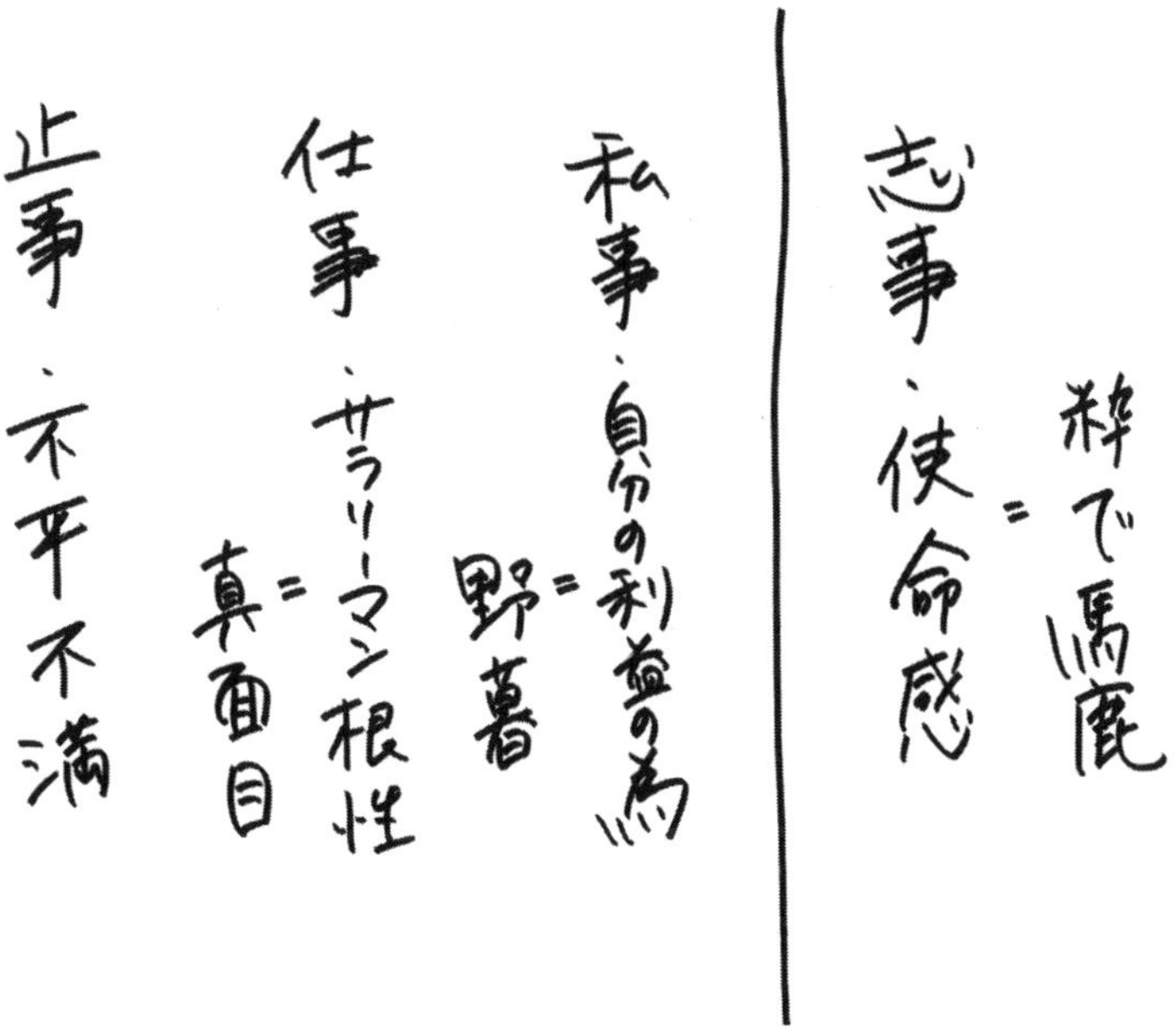
志事、使命感＝粋で馬鹿
私事、自分の利益の為＝野暮
仕事、サラリーマン根性＝真面目
止事、不平不満＝阿呆

りサボって楽をすることに命を懸ける輩じゃ。そんなセールスマンが昼間の公園にうじゃうじゃおる。まあ、こいつらは問題外じゃ。一生何をやっても不平不満で生きるしかないクズどもじゃ！」[36]

桑　森「いいこと言ってるけど、ホームレスのおっさんの台詞かねえ？」[37]

ブチョー「そして今のおめえさんの仕事のやり方はこうじゃ。（私事と書く）」

桑　森「わたくしごと？」

ブチョー「そうじゃ。おめえは、いったい誰のために、何のために働いておるのかよく考えてみるがいい」

桑　森「自分のために働いて何が悪い？」

ブチョー「いいとか悪いとかの問題じゃねぇ。事実を言っとるまでよ。罪悪感が生まれる原因がそこにあると言っとるんじゃ！」[38]

桑　森「何でだ！　自分のことしか考えてない奴には罪悪感なんか生まれねえだろ？　俺は、相手のことを考えてるから罪悪感にやられてるんじゃねえのか？　さっきと言ってることが違うだろ！」

36▼「私だけもらってない！」「私ばっかりに言わないでください！」「なんで私ばっかりやらなきゃいけないんですか？」。これも被害者意識の強い人いるよね。これもサラリーマン根性の症状の一つだな。被害者でいる限り主役にはなれないよ。「自己責任」という生き方を学ぼうぜ。

37▼ブチョーの堂々とした態度が、いつの間にかホームレスのクソじじいであることを忘れさせていた。人間あり方が大事だ。

38▼「いい」とか「悪い」とかが口癖の人は、「善か悪か」あるいは「正しいか正しくないか」を判断基準にしているが、気をつけた方がいい。善悪なんて、立場が変われば簡単にひっくり返ってしまうんだから。

ブチョー「甘ったれんな！　おめえ、本気で相手のことを思っとるってぇのか？　ふん、おめえの浅知恵じゃぁ、そうなんじゃろ」

桑　森「くそぉ」

ブチョー「そしてもう一つ（志事）こういう仕事をしておる人間もおる」

桑　森「こころざし？」

ブチョー「志を持って事をなす。使命感[39]を持って仕事をする」

ホンカン「日本の警察の使命は、国民の安全と平和を守ることであります！」

ブチョー「おめえの教材販売の仕事に志があるか？　使命感があるか？　おめえにはそれがねぇんだ。だから相手に強いクロージングがかけられねぇ。そんな腑[40]抜けに何が売れる！」

ホンカン「クロージングって何でありますか？」

ブチョー「うるせぇ！　ケータイで調べろ！」

ホンカン「は、はいー！　……（ケータイで）クロージングとは、直訳すると「閉じる」「終わり」「締めくくり」という意味。営業活動において、クロージングとは、顧客と契約を締結すること。なるほど、なるほど」

39▼命を使うと書いて「使命」。武士道で言う「義」である。

40▼腑とは、肚《はら》のことであり、人間のもっとも大切な生き方、つまり価値観が入っている場所だ。価値観は頭の中にあるんじゃない。肚の中にある。その証拠に、本音で話そうというとき「頭を割って話そう」とは言わず「肚を割って話そう」と言うだろ？　だから腑抜けとは、肚の中の価値観が抜け落ちて空っぽの人のことを言うんだ。

桑　森「だってよぉ、おっさん、実際百万円あったら、もっといい少人数制の塾にだって行けるんだぜ。そりゃあ、俺だって仕事に志を持ちてぇよ。誇りを持って仕事してぇよ。[41]でも売ってる本人が高けぇって思っちまってるんだ。志なんか持てっこねぇじゃねぇか！　じゃあ、だったら仕事を変えろって言うのか⁉」

ブチョー「はー、[42]野暮なうえにクソ真面目ときた。こりゃあどうしようもないわい。おめえにゃぁ、[43]粋で馬鹿の意味が一生わかるめえ。どうやらわしも焼きが回ったようじゃ。おめえみたいな阿呆を見込みがあると思っとったんじゃからな」

桑　森「何だとぉ！」

ブチョー「出ていけ！」

桑　森「何！」

[44]音楽カットイン

ブチョー「[45]おめえのような阿呆は、もうわしの弟子ではないわ！　破門じゃ、

41▼当時の私の本音だが、似たようなケースで悩んでいるセールスマンは多いのではないか？　だから仕事を変えたくなる。しかしいくら仕事を変えたところで、仕事に対する価値観の本質的なところを変えなければ、同じことの繰り返しなんだ。

42▼「野暮」の反対は「粋」。粋の意味がわかるだろうか？　粋というのは、日本人がもっとも大切にしていた価値観なんだ。坂本龍馬、西郷隆盛、上杉鷹山、宮本武蔵。偉人たちは皆、粋だった。当時の私は粋がっていただけで、粋じゃなかった。まさに野暮だった。

43▼世の中に馬鹿はたくさんいるが、たいがいは野暮で馬鹿。それはまったく価値がない。粋で馬鹿だから価値があるんだ。粋で馬鹿が何かを知りたければ、司馬遼太郎の傑作『俄《にわか》―浪華遊侠伝』を読め！

44▼由紀さおり『夜明けのスキャット』物悲しくも美しい

出ていけ！」

桑　森「あー、わかったよ。出てってやるよ！　出てって考えてやるよ！　考えて考えて考え抜いて、この教材販売の使命ってのを見つけてやるよ！」

ブチョー「ふん、てめえの仕事の使命の意味がわかるまで、二度と俺の前に現れるな！」

桑　森「絶対に答えを見つけて戻って来てやるからな！　逃げんなよ、おっさん！」

ブチョー「そんな啖呵を切った奴が戻って来たためしはねぇ。まあ、期待はしねぇけど、奇跡が起きるのか楽しみにしてるぜ」

桑　森「お巡りさん、世話になったな」

ホンカン「そ、そんな……」

桑　森「アイル　ビー　バック！」[46]

桑森、下手に走り去る

ブチョー、桑森を見送りもせず背を向ける

旋律に陶酔して台詞を読むべし！

45▼昨今あまり聞かない台詞だ。師匠と弟子という関係も減った。弟子入りもなければ、破門もない。あるのは先生と生徒。入会と退会。そこに掟はなく、ルールがあるだけだ。ある時期徹底的に師匠の「掟」に従うと、また別の世界が見えてくる。掟は絶対だ。破った者は命の保証はない。しかしルールはどうなんだ？

46▼映画『ターミネーター』の有名な台詞。直訳すると「戻ってくるぞ」となるが、ニュアンスとしては「これで終わったと思うなよ」の方がしっくりくる。映画の字幕を訳すのもセンスが必要。頭で考えてばかりじゃなく、心で感じることが大事だ。

ホンカン「……師匠、これでいいんでありますか？」
ブチョー「うるせえ」
ホンカン「師匠！」
ブチョー「うるせってんだよ！」
ホンカン「彼の成長を一番楽すみにすてたのは、師匠じゃねすか！」
ブチョー「奴は帰《けえ》ってくる。奴は必ず帰ってくる。ああそうとも、本物のセールスマンになるために、奴はひとまわりでかくなって帰って来るんじゃ！」[47]
ホンカン「師匠……」
ブチョー「だってそうじゃろが！　人生はドラマなんじゃから、こんなとこでKO負けじゃぁ面白くねえじゃろ！」[48][49]
ホンカン「そうっすね、きっと立ち上がるであります。そうに違いないであります！」
ブチョー「立て！　立つんじゃ桑森！　立たなきゃ昨日へ逆戻りじゃ！」
ホンカン「その通りであります！」
ブチョー「くわもりー！　帰って来いよぉー！　うをぉぉぉー！」

47▼厳しさがないのなら、それは愛ではなく恋だ。一方的に恋をしている相手には厳しいことは言えないが、愛している子どもには厳しいことも言う。私は思うのだが、夫婦はずっと恋し合っていればいいのではないか？

48▼「真実は小説よりも奇なり」と言うが、本当にフィクションを超えた仰天の真実のドラマがあった！　渡辺淳一の『遠き落日』誰もが知っていると思っている、野口英世の物語なのだが、伝記に書かれている英世像は虚構で、実際の英世は、ろくでなしのひとでなし。しかし愛さずにはいられない常軌を逸したとんでもない男だった!!

49▼人生を主役で生きることを決めている人間は帰ってくる。脇役のまま生きている者は去っていく。果たして、若き日の桑森正春の明日はどっちだ！

ブチョー、ホンカン、泣き崩れる
照明、フェードアウト
音楽、盛り上がってやがてフェードアウト
暗転

第一幕　終了

休憩　十五分

第二幕

第二幕　現在　SCENE1（幕前）

音楽、『ジョーの子守唄』[1]カットイン
スポット、客席の後ろに立っている桑森（現在を演じている役者）
桑森、観客をかき分けて舞台に這い上がる
フラフラしながらもやっと立ち上がり、ボクサーのファイティングポーズ
音楽、フェードアウト
次の桑森の台詞の途中から音楽フェードイン[2]

桑森　「ブチョーから逃げ出すように公園を後にした俺は、何のあてもなく、何日も夜の繁華街をさまよい歩いた。暑さのせいで口はカラカラに乾き、町のネオンがさらに俺をイラつかせた。帰る場所も[3]なく、金もなく、仕事もサボって、飲まず食わずで自暴自棄になっていた。

1▼アニメ『あしたのジョー』のエンディング曲。「立て立て立て、立つんだジョー」の台詞を有名にした浪花節調の名曲だね。歌っていたのは、なんと『刑事コロンボ』の吹き替えで有名な小池朝雄。

2▼ここはアリスの『チャンピオン』だねえ、懐かしいねえ。ちんぺい、べーやん、きんちゃん。『遠くで汽笛を聞きながら』は昭和の名曲だねえ。

3▼その気になれば、仕事くらい何だって探せたが、どんなに落ちぶれても負け犬だけにはなりたくなかった。その執念が、セールス以外の仕事を強く拒んだ。

ふざけんな！　何が罪悪感だ！　（パンチを大振りする）そんなもんが怖くてセールスができるか！　（パンチ大振り）俺がセールスを怖がってるって？　笑わせんな！　（パンチ、パンチ、パンチ）上等じゃねぇか、罪悪感ごと地獄へ叩き落としてやるぜ！（パンチ大振り）ハア、ハア、ハア……（息を切らす）しかしそんな大口を叩いてみても、売れる予感はまったくしなかった。（次第に両腕がぶらんと下がってくる）

もうセールスなんか辞めちまえばいい。どうせ俺は、何の取り柄もねえ、弱虫のクズ野郎さ。クズはあがいても一生クズのまま。しょせん運命なんて変えられねぇのさ。（足元がふらつく）

そんな弱音を吐いてるうちに、俺はだんだん生きている意味さえわからなくなった。[4]……俺なんか生まれてこなければよかった。

結局俺は、ブチョーから逃げたのではなく、てめえの人生から逃げ出したんだ。

衰弱して夢遊病者のようにふらふらと街を歩いていると、向こうからチンピラ風の二人連れの男が歩いて来た。……ぶつかる。意

4▼しかしその執念も途絶えたとき、私はすでに生きる気力も失っていた。

識が朦朧としながらもそれはわかっていたが、俺は避けることもせずそのままぶつかった。（スローモーション。ぶつかって、ゆっくりと回転をしながら）

もう何もかも終わりにさせたかった。[5]

ちょっと待て！　という言葉が聞こえたと思った瞬間に、（顔だけ歌舞伎役者が見得を切るように正面を向く）顔面に物凄い衝撃が走り、目の前で一斉にフラッシュを焚かれたような閃光に襲われた。（スローモーションで殴られながら倒れていく）ぐぁしゃぁー。

抵抗もできず、殴られるままに殴られた。顔も頭も腹も。スローモーションで何人も人が横を通り過ぎていく。気づかないのか、気づかないふりなのか、みんな顔を下に向けて通り過ぎていく。

地面に叩きつけられながら、ああ俺はこのまま死んでしまうのかと漠然と感じていたとき、思い切り腹を蹴られた。

尖がった靴先は、俺の内臓のどれかを破裂させた。

口から血しぶきが飛んだ。（口から血しぶきが飛ぶ様子）

5▼人生はゲームのようにリセットボタンはない。終わりは終わりだ。しかしどん底にいる人間は、すべてを終わらせることが唯一の手段だと錯覚してしまう。メンタルが落ちているときの判断を信用してはならない。メンタルが落ちているときの決断は、間違いなくさらなる負の世界へと引きずり込んでいく。

その赤い血を見たとたん、正気に戻った。俺は初めて死が怖くなった。（上半身を起こそうとする）死にたくねえ！[6]　こんなとこで俺は死にたくねえ！　こんな中途半端で終わりたくねえよ！　まだゴングは鳴らさないでくれ！[7]　俺は、立ち上がらなくては……立ち上がらなくては……神様ぁー!!（もがく）」

音楽カットアウト

桑　森「そして意識を失った（完全に倒れる）」

照明、スポットで桑森だけを残してフェードアウト

段平の声「立て、立て、立つんだジョーーー……」

歓声の中、カウントの声

6▼悪魔に支配されかけた私の心の奥に残っていた、最後の小さな天使の声だ。

7▼死を意識したときに初めて、人は生きようとする。死を恐れていないものは、生きているように死んでいるのだ。黒澤映画の傑作『生きる』を観よ！

アナウンサー「矢吹、絶体絶命！[8]　起き上がれない。このままマットに沈んでしまうのか⁉　矢吹に明日はやって来ないのか！　……」

スポット、細くなる

ゴングの音が無情に響く[9]

パイプオルガンの曲が、桑森の死をイメージさせる[10]

スポット、フェードアウト

闇の中にパイプオルガンの音が盛り上がって

8▼『生きる』を観ていない君！　仲代達矢主演の『切腹』は観たか？　絶体絶命とは、このことだ！

9▼『生きる』も『切腹』も観ていないあなた！　きっとフェリーニの『道』も観ていないんだろう？　うらやましい。できることなら記憶喪失になって、それらの映画を初めて観たい。

10▼バッハ『小フーガ ト短調』パイプオルガンといえば、やっぱりバッハだねえ。

第二幕　三十年前　第一場

照明、カットインと同時に幕が開く
病院の一室、桑森（三十年前を演じている役者）が目覚める
体中に包帯が巻かれ、点滴やチューブが何本も繋がれた状態でベッドに寝ている
ベッドは、客席から役者が見えるよう三十度くらいの角度で傾けられている

桑森　「うわ！　……（眩しそうにしながら目を開け、しばらく呆然とした後、辺りを見回す）あ痛たたた（首を動かして痛がる）え？　いったいこりゃあ……マジ？　……じゃぁ、い、生きてる？（手を動かす）痛てぇ！　……生きてる……生きてるぞ！　うおお、奇跡だ！　痛てて」

下手から女性看護師[1]（ホンカン役の役者）が入ってくる

1▼ホンカンを演じる役者が演じるが、ホンカンとはまったく関係性はない。別の役者が演じても大して問題はない。

看護師　「あ！」

　　看護師、思わずカルテを落とす

桑　森　「え？」
看護師　「ああ！」
桑　森　「え？　え？」
看護師　「あーっ!!」
桑　森　「えー!![2]　何？　何？」
看護師　「意識が戻ったんですね！　よかったぁ！」
桑　森　「え？　あ、ああ。……そうか、俺は意識を失って……ここは病院か」
看護師　「もう一週間も昏睡状態のままだったんですよ。ほんとによかったわ」
桑　森　「一週間も？　そんなに？　（起き上がろうとする）痛っ！」

2▼医者や看護師に驚かれることほど恐ろしいものはない。ましてや持っていたカルテを落とされた日には、絶望を感じる。これをセールスで応用するならば「ええ⁉」と言いながら、持っているペンを落とすといい。強烈に相手を惹きつけることができるだろう。

看護師　「ああ、まだ動いちゃダメよ！　絶対安静なんだから」

桑　森　「すんません。俺、そんなに酷いんですか？」

看護師　「酷いなんてもんじゃないわ。大きな声じゃ言えませんけど……」

桑　森　「え、ええ⁉」

看護師　「[3]死にかけてました」

桑　森　「ひぃ！」

看護師　「顔面陥没、脳内出血、肋骨三本と両手骨折、左足半月板損傷、内臓破裂、栄養失調、それに……」

桑　森　「それに⁉」

看護師　「[4]水虫、毛じらみ」

桑　森　「ほっとけ！」

看護師　「ほっとけないわ！　だって、看護師だから！　はい、お口開けて。お熱測りましょうね（体温計を、桑森に咥えさせる）」

桑　森　「あれ？　看護師さん、どっかで会ったことありません？　なんか見覚えが……」

看護師　「えぇー、目が覚めたと思ったら、すぐナンパ？　もう嫌だぁ。馬

3▼生死をさまよう体験は、人生の中でももっとも貴重な体験だった。それまでの人生観がひっくり返った。生きているだけで涙が溢れるほどの感動があるんだ。

4▼こんなベタなギャグは、読んでいても可笑しくはないが、役者が絶妙の間で台詞にすると、観客はどっと笑うのだ。役者にとっては、泣かせる演技より笑わせる演技の方が難しい。間の取り方が命！

鹿ぁン（カルテで桑森の頭を殴る）」

桑　森「あ痛たた！」

看護師「まあ、大変！　ちょっと先生呼んできます。先生！　赤ひげ先生！」

　　　看護師、下手に去る

桑　森「（静まった病室をゆっくりと見回して）ふ……ふふふ……ははは……はっはっはっは（だんだん笑いが大きくなって、やがて泣き始める）」

桑森、号泣している[5]

下手から赤ひげ[6]（ブチョーの役者）が登場

赤ひげは、部長と同じく禿げ上がっており、背中のこぶはなく、立派な口ひげをはやしている

その後ろに看護師

5▼嬉しいときでも泣けてくるのはなぜだろう。今まで我慢していた感情が、涙と一緒に体の外へ放出され浄化されるのだろうか。

6▼黒澤明の名作『赤ひげ』の主人公赤ひげこそ「志」を貫いた人物。もちろんブチョーと赤ひげには何の関係性もないが、しかし両者ともこの芝居において、若き桑森に影響を与える重要な役であり、ホームレスと医者、すなわち陰と陽の関係であることから、同じ役者が演じることが望ましい。

赤ひげ　「おお！　目が覚めたのかね！　どーした、どーした？　どこが痛いんじゃ？」

桑　森　「先生！　痛いんじゃないんです」

看護師、以後カルテにメモを取りながら

赤ひげ　「何？　じゃあ何で泣いとるのかね？」

桑　森　「はい、いや、その……嬉しくて、悲しくて、悔しくて……」

看護師　「精神に異常あり（カルテに記入しながら）」

桑　森　「精神は正常だよ！」

赤ひげ　「喜怒哀楽[7]が一気に溢れ出たんじゃな。魂が戻って来た証拠じゃや。いい傾向じゃよ」

桑　森　「先生、俺さっき、本当の奇跡を体験したんだ」

赤ひげ　「なんと、奇跡とな？」

桑　森　「はい、俺は、てっきりもう死んじまったと思って……ほんとに死

7▼般若の面がなぜ怖いのか？それは、般若の表情には喜怒哀楽すべてが入っているからだ。眉は悲しみ、目は怒り、そして口は笑っている。人間の表情にはないその表情は、怒りの表情よりも恐ろしい。

んだと思ったんだ。でも、死にかけたおかげで体験したっていうか、気づいたっていうか……先生、生きてる[8]って奇跡なんだね」

赤ひげ「ふむふむ」

桑　森「今まで、生きてるなんて当たり前だと思ってたけど、いやあとんでもねぇ、生きてることって、すんごい奇跡なんだって気づいたんだよね」

赤ひげ「ほぉ、そうかね」

桑　森「そしたらさ、先生よ、笑っちまうんだけど、今まで当たり前だと思ってたことが全部奇跡に思えてきて、ほら、スイッチ[9]を押せば電気がつくとか、蛇口をひねれば水が出るとか、ここに空気があることだって奇跡でしょ！　だって、誰かが電気や水道を発明してくれてなきゃぁ、こんな便利な生活なんてできないし、それにもし地球に空気がなかったら、そもそも生命が誕生してないわけで……そんなことに気がついたら、何でそんな大事なことに感謝してこなかったのか……親にだって、一度も感謝したことがなかったなぁって……朝起こしてくれてたのも、飯作ってくれてた

8▼人生に行き詰まってしまうと、生きている奇跡を忘れてしまう。命があることに感謝している限り、人生はいくらでも逆転できる。なぜなら奇跡はすでに起きているんだから。

9▼こんな豊かな時代の、しかも日本という国に生まれたことが、どれだけ運がいいか考えたことはあるか？　簡単に安全な水は飲めるし、コンビニには何でも揃ってるし、冬でも暖かく、夏でも涼しく過ごせるし、車や電車であっという間に遠くに行けるんだ。怪我や病気だって、治療法がどんどん進化してる。今、どんなに貧しい暮らしをしてたって、戦国時代の殿様よりも間違いなく贅沢に暮らしているんだぞ。

のも、洗濯や掃除だってずっと当たり前に思ってたけど、当たり前のことなんてこの世に一つもねぇんだ。俺を産んでくれたことも、[10]母ちゃんや父ちゃんが生きててくれたことも全部奇跡で……うぇっ……うぇっ……（泣きじゃくる）」

看護師、つられて泣く

赤ひげ　「ほぉー、そんなことに気づいたのかね。あんたは、もしかしたらこの昏睡状態の間に[11]生まれ変わったのかもしれんな」

桑　森　「そうかもしれねえ。俺、ずっとさっきまで夢を見てたんだ。暗い暗い水の中で、俺は手も足もなくて魂だけになってて、そんで俺の周りには俺と同じような魂がうようよひしめいてるんだ」

赤ひげ　「ふむふむ」

桑　森　「物凄い数の魂なんだけど、みんなただ静かにエネルギーを溜めてて、俺はどんどんエネルギーが高まって、もう堪えきれないくらいエネルギーがいっぱいになったとき、遠くから光が差し込んで

10▼親への感謝は、死んでから気づいても遅い。生きてるうちに孝行すべし。しかし一番の孝行は、品物やお金ではない。あなたが幸せに生きていることだ。生まれたことに感謝して、一生懸命に生きることなんだ。

11▼人間は自分の意志で何度でも生まれ変われる。そして永遠に生きることもできる。生まれ変わるとは、悪行を働いていた人間が善人に変わるというように、価値観を変えるということだ。能や歌舞伎や落語などの日本の伝統芸能においては、師匠の価値観や技を完全に受け継いだとき、名跡を継承する。そして、何人もの肉体を通して生き続けるのだ。

きたんだ。そしたら一斉に水が勢いよく流れ出して、俺はもう夢中で水ん中を光の方へ泳いだんだ。他の魂も同じで、みんなその光を求めて泳ぎ出した」

赤ひげ　「そのとき、何を思った？」

桑　森　「終わりたくない、もっと生きたい。生まれたい！[12]　……そんで死に物狂いで泳いでたら」

赤ひげ　「どーした？」

桑　森　「俺の頭んところにレーザーみたいな光が差して、俺だけがスーッと光の塊に吸い込まれていったんだ。そして……目が覚めた」

看護師　「バンザーイ！」

赤ひげ　「ほぉー、臨死体験というのは、聞いたことはあるが、お前さんのそれは、臨生体験[13]かもしれんのう」

桑　森　「りんせいたいけん？」

赤ひげ　「生命誕生の奇跡の体験じゃ！　今のあんたの話は、まさに性行為の後の、精子が卵子に向かっていくそのものの光景のようじゃ。人間が精子だったときの記憶があるとは思えんが、まあ、この世

12▼反抗期のとき「誰が産んでくれって頼んだ？」と親に噛みついた私は、なんて愚かで情けないクズ野郎だったんだろう。

13▼臨死体験があるのなら、臨生体験があってもいいじゃないか。

　　には不思議なこともあるもんじゃて」
桑森「だとしたら、俺はほんとにあんなすげぇ数の中から選ばれて生まれてきたのか？」
赤ひげ「その通りじゃ」
桑森「じゃあ、生まれてくるなんてほんとに奇跡だな」
赤ひげ「うんうん、ほんとにそうじゃ。人間が生まれてくる確率は、科学的見地から見ても奇跡的な数字じゃよ。人間が一回の射精で放出する精子の数は、知っとるか？」
桑森「何千もいたぞ」
赤ひげ「とんでもない、そんな少ない数じゃない」
桑森「じゃあ、何万もいたのか？」
赤ひげ「桁が違う。たった一回の射精で三億から四億放出されるんじゃ。つまり、あんたが生まれてこれた確率は」
桑森「四億分の一⁉」
赤ひげ「残念！　射精をしたら必ず卵子にたどり着けるわけではないぞ。ほれ、あんたなんぞは毎日」

桑　森　「ティッシュの中！」[14]

看護師　「いやん、馬鹿ぁン（カルテで桑森の頭を殴って、下手に走り去る）」

赤ひげ　「ははは、その通り。つまりじゃ、生まれてくる確率は何百億、いや、何千億分の一かもしれんのう。その中で、誰よりも強く『生きたい』と願った者だけが、きっと生まれてこれるのじゃろう。世界中の人口の中からたった一人が選ばれる確率よりもずっと低い。[15] オリンピックで金メダルを獲ることよりも難しいのじゃ」

桑　森　「じゃあ、俺も生まれてきたときはチャンピオンだったのか！」

赤ひげ　「そうじゃ、どんな人間でも生まれてきたということは、すでにチャンピオンなんじゃ。人はチャンピオンベルトをしておぎゃーと生まれてくるんじゃ」

桑　森　「はぁー、そんな確率を乗り越えて生まれたきたのに、[16] 何の取り柄もないとか、俺はついてないとか、生きてる意味がないなんて言ってたら最低だな」

赤ひげ　「まあ、人生投げやりになるときもあるじゃろうが、命を粗末にする者は、[17] 命に対して傲慢なのじゃ。あんた、使命ってわかるか？」

14▼これは断じて下ネタではない。

15▼世界の人口は、約七十億。世界ナンバーワンでも七十億分の一。

16▼人と比べることで劣等感が生まれるが、向上心にすることもできる。未来に対して不可能を描くと劣等感になり、可能を描くと向上心になる。どっちを描くかは、本人の自由だ。

17▼生きて当然、という傲慢もあれば、死んだ方がまし、という傲慢もある。

桑　森　「使命……」
赤ひげ　「使命とは、命を使うと書くじゃろ。誰にでも生まれ持って与えられた使命がある。その使命に気がつかなきゃあかん。それに気づかずに生きておる人間もまた、命を粗末にしとるというわけじゃ」[18]
桑　森　「先生、おっさんと同《おんな》じことを言うんだね。使命かあ……でも俺、頭悪いから何が使命なのかわかんねえ。それが問題なんだよな」
赤ひげ　「ん？　おっさん？　誰じゃいそれは？」
桑　森　「あ、いや何でもないっす。それより先生、教えてくれないかなぁ。どんな仕事にも使命感って持てるんすかねぇ？　先生は医者なんだから、仕事に使命感はもちろんあるんでしょ？　でも使命感を持てない仕事ってのもあるよね？」[19]
赤ひげ　「いや、それは違うぞ」
桑　森　「え？」
赤ひげ　「仕事に使命があるんじゃない。使命は人に宿るもんじゃ」[20]
桑　森　「人に宿る？」
赤ひげ　「医者だって、弁護士だって、警察官だって使命感のないろくでも

18▼使命とは、人のために使う命。そんな大袈裟なことでなくとも、人を励ましたり、応援したりすることは誰にだってできる。応援団だって、選手と同じ使命を背負い、勝利に貢献しているんだ。

19▼私の親友の岡野は、昔便利屋を営んでいた。「どんな仕事でも引き請ける」という使命を持って、本当にとんでもないような仕事を面白そうにやっていたよ。詳しくは、『スタンド・バイ・ユー　便利屋タコ坊物語』を読むべし。

20▼やりがいも同じ。「こんな仕事、やりがいがない」のではなく「この仕事に、やりがいを見い出せない」のだ。やりがいも勇気も、使っていないとどんどん使えなくなっていくぞ。

ない人間がおる。それとは反対に、雑用や皿洗いでも魂を込めて働く人間もおる。ほれ、刃物と同じじゃよ」

桑　森「刃物と同じじって？」

赤ひげ「刃物自体にはいいも悪いもない。ただ、物を切るための道具にすぎん。医者が人の命を救うために使うメスも、悪い奴[21]が使えば、人を傷つける恐ろしい凶器になる」

桑　森「使う人間の問題か」

赤ひげ「そうじゃ。どんな仕事であれ、それに携わる人間が志を持っているか、使命感を持っているか、それがすべてじゃ」

桑　森「使命感が持てないとしたら、それは俺が悪い人間[22]だからなのか？それともただ頭が悪いからなのか？　なあ、教えてくれ、赤はげ先生よ！」

赤ひげ「誰が赤はげじゃ！　赤ひげ！」

桑　森「あ、す、すんません！」

赤ひげ「使命感が持てないのは、悪い人間でも頭が悪いんでもない」

桑　森「じゃあ、何だ？」

21▼頭脳も同じ。悪い奴の頭脳は、凶器になる。

22▼皮肉なことに、悪い人間にも強い使命を持つ奴がいる。己のことしか考えない偽物の使命だけどな。

23▼粋の反対が野暮。善と悪ではない。善は、悪がいないと成立しないが、粋は、野暮がいなくとも成立する。

赤ひげ　「野暮[23]だからじゃ」

桑　森　「野暮……またおっさんと同じことを言う」

赤ひげ　「野暮[24]な人間は、自分のことしか考えておらん。野暮な人間ほど自分が正しいと思っておるから、手に負えん」

桑　森　「野暮な人間は、どうしたらいいんだ？　先生！　どうしたら使命感ってのが持てるんだよ？」

赤ひげ　「あんた、何か悩[25]みを抱えとるようじゃな。聞いてやるから詳しく話してみなさい」

桑　森　「あ、ああ。例えばここに百万円もする大学入試用の教材がある。でも、普通[26]百万もかけるなら、有名な予備校や、少人数制の塾に行った方がいいと思うだろ？」

赤ひげ　「ふむふむ」

桑　森　「それを売るセールスマンが、その仕事に使命感を持つためには、その教材を売ることが、自分の成績のためじゃなく相手のためにならなくちゃならねぇ。使命感ってそういうことだろ？　でもそこが問題で、売ってる本人も、百万もかけるなら塾や予備校の方

24▼「人のことはいいから、自分のことだけ考えなさい」。そう教えている親は数知れない。小学校の頃、素敵な先生がいた。テストの時間、最後の十分間は、答えがわかった人が周りの友達に教えていいという独自のルールを設けたのだ。だからみんな百点が取れた。そのクラスでは一切いじめがなかった。

25▼「悩みなんかない！」なんて言ってる奴ほど心が病んでたりする。そもそも「悩む」という漢字を見て欲しい。人間には「心」と「脳」があるから悩むんだ！　悩むことはよくないことだという風潮があるが、悩み方にもツボとコツがある。ただくよくよと自分を責めているだけだと何の生産性もないだろう。しかし、何かを深く考えて、簡単な答えで満足しない悩み方は心の筋トレになるのだ。

26▼教材の良さを熟知していない限り、普通は百万円もかけない。

がいいと思ってる。そもそもこんな教材、欲しがってる奴は一人もいねえ」[27]
赤ひげ　「なるほど、なるほど」
桑　森　「だから、相手に反論されると売れなくなる」[28]
赤ひげ　「ふーむ」
桑　森　「で、ある人が言うには、売れるようになるためには、その仕事に使命感を持たなくちゃならない、と。でも、どう考えたって相手のことを思うなら、教材じゃない。これじゃあ堂々巡りで使命感にたどり着かねえ」[29]
赤ひげ　「なるほど」
桑　森　「もし、その教材で勉強すれば、百パーセント希望する大学に受かる保証が付いてりゃいいよ。だったら、百万なんて安いもんだ。使命感だって、志だっていくらでも湧いてくるさ。でも、そんなことは現実にはない」[30]
赤ひげ　「そうじゃのう」
桑　森　「じゃあ、その仕事自体そもそも使命感なんか持てない仕事なん

27▼当時の私の本音。売れない商材に自信が持てなかったのだ。

28▼反論されて黙ってしまうのは、ブチョーが言っていた通り、セールスマンの心が相手の反論に共鳴しているからだ。当時の私で言えば「高い」という言葉だ。

29▼メビウスの輪のように、表と裏がくっついて永遠にぐるぐる回り続け、どこにも出られない。しかしそんなことはないのだ。平面で考えている以上、答えは堂々巡りだが、垂直に考えれば外に出られる。垂直に考えるとは、別の視点を持つことだ。

30▼成果に保証を付ける。商品に絶対的な自信と確証がなければできないことだ。しかし保証が付いていたら、はたして本気で勉強するんだろうか？

じゃないかって思ったんだ。世[31]の中にはそんな仕事もあるんじゃないかってさ。ところが先生は、使命感は仕事にあるんじゃない。人に宿るんだってさっき言ったよねえ？」

赤ひげ　「そんなこと言ったかのう？」

桑　森　「はあ？　言ったでしょうが！」

赤ひげ　「まあ、言ったかもしれんのう」

桑　森　「ちょっとちょっと先生、しっかりしてくれよ。どっちなんだ？　そこんとこが違ったら、まったく話が変わってくるんだからさぁ」

赤ひげ　「（指を使って、どちらにしようかな……とやって）よし、言った。確かに言った」

桑　森　「ほんとかよ」

赤ひげ　「バカもん！　医[32]師に二言はない！」

桑　森　「めんどくせぇ。ま、まあいいや。じゃあ言ったでいいんだな。どんな仕事にも使命は持てるんだな？」

赤ひげ　「くどい！」

桑　森　「わ、わかったよ。で、ますますわかんなくなっちまったんだ。ど

31▼ドロボーだって志を持てばルパンでしょ。人殺しだってゴルゴ13が⁉　屁理屈だと言われればそれまでだが、じゃあ志や使命感がないなんて言うのは、屁理屈以下だ！

32▼武士に二言はない。医者にも二言はない（たぶん）。

う考えたらこの仕事に使命が持てるんだ？　先生やおっさんは、俺が野暮だからだという。野暮ってのは、自分のことしか考えない奴。確かに今までの俺は、クソ野暮で[33]、自分が得することばっかり考えて、そのくせ何にも感謝してこなかったクズ人間だ。じゃあとばかりに、教材を売る相手のことを考えてみたら、売るべきものはこの教材じゃねえってところにたどり着く。でも仕事は変えねえで、この仕事に使命を持たなくちゃならねえ。な？　答えのないなぞなぞだろ[34]？　でもよう、この答えがわかんなきゃ、体を治して元気にしてもらっても心が壊れたまんまなんだ。そんなんで退院したって、どこにも出口なんかねえ。だから先生、教えてくれ！　どうしたら使命が持てるんだ？」

赤ひげ　「……知らん」

桑　森　「何だよ！　教えてやるって言ったから話したんじゃねぇか！」

赤ひげ　「誰も教えてやるとは言っとらん。話を聞いてやると言ったんじゃ」

桑　森　「ちっ」

赤ひげ　「じゃが、そのなぞなぞ、答えはあるぞ」

33▼クソ野暮で、クズ人間。我ながら酷い例えだが、糞はたい肥として役に立つし、クズだってリサイクルで甦る。しかし野暮は煮ても焼いても食えないな。

34▼答えのないなぞなぞ……「結婚とは、答えのないなぞなぞである」。プラトンか、ニーチェが言ってそうな台詞だな。そしてそのあとにこう続く。「離婚とは、答えが見えているなぞなぞである」。

桑森「え！　じゃあ、ケチケチしねえで教えてくれよ」
赤ひげ「わしにはわからん。わからんが、答えはある」
桑森「わからねぇのに、何で言い切れるんだよ？」[35]
赤ひげ「使命は人に宿る……これは、真理じゃ。真理というものは、例外なく絶対なのじゃ。わからないというのは、まだたどり着いていないということで、必ずその先に答えはある」[36]
桑森「必ずあるのか……」
赤ひげ「まあ、そんな小難しいことは、元気になってからゆっくり考えんしゃい。あんたも命のありがたさに気づいたんじゃから、もう二度と命を粗末にするようなことをするんではないぞ」
桑森「は、はい……」
赤ひげ「とにかく今は安静にすることだけ考えるのじゃ」
桑森「あ、でも先生……俺……」
赤ひげ「何じゃ？」
桑森「その……金が……」
赤ひげ「ばかもん！　金なんぞ、元気になった後で何とかせい！　十年後

35▼言い切ると言葉に力が宿る。しかし言い切ることは怖さも伴う。なぜなら、この世に絶対はないからだ。プレゼンも同様で、正しく言おうとすればするほど言い切れなくなる。誤解やクレームを避けるには言い切らないことが大事だが、言葉は力を失う。セールスマンたちよ、勇気を持って言い切るべきことは言い切るのだ！

36▼そのことを信じられる者だけに希望が訪れる。希望の光は、外から降り注がれるのではなく、内側から放たれる。

だろうと、二十年後だろうと、人間[37]生きておれば何とでもなる！」

桑　森「先生……」

看護師の声「（遠くで）先生！」

赤ひげ「人生はあんたが考えとるより、ずっと長いぞ。あんたの歳じゃあ、まだ人生[38]のプロローグじゃ」

桑　森「プロローグ？」

赤ひげ「始まりの、始まりってわけじゃ」

看護師の声「先生！　赤ひげ先生！」

桑　森「先生、呼んでますよ」

赤ひげ「ああ、ええんじゃ。あいつは大した用事でもないのにすぐにわしを呼びつけよる」

看護師の声「ちょっと先生ってばぁ！　あ・か・ひ・げ・先生！」

桑　森「いや、でも、ほら」

赤ひげ「ええんじゃ、ええんじゃ」

看護師の声「こらぁ！　なまはげ！」

赤ひげ「誰がなまはげじゃ！」

37▼この言葉をはらわたに染み込ませてくれる映画がある。『素晴らしき哉、人生！』この映画を観ずして死ぬべからず！

38▼人生八十年が、もし一日だったとすれば、当時の私の二十二歳という年齢は、まだ朝の六時三十六分。人生はこれからだ。

赤ひげ、怒りながら下手に去る
やがて静寂が訪れる

桑　森「使命感か……生まれ持った使命……使命は人に宿る……志……志す事……志事……」

ブチョーの声「おめえの教材販売の仕事に志があるか？　使命感があるか？　おめえにはそれがねぇんだ。だから相手に強いクロージングがかけられねぇ。そんな腑抜けに何が売れる！」

ブチョーの声とともに照明、寒色に切り替わる[39]
桑森、ゆっくりとうなだれる

ブチョーの声「こればっかりは教えても無駄じゃ。おめえが自分で答えにたどり着けるかどうか、それだけじゃ。もしたどり着けなきゃ」

桑森の声「たどり着けなきゃ？」

39▼呪文という言葉があるが、確かに人は言葉で呪われることがある。恨み言葉はもちろんそうだが、「いい子でいなさい」という言葉も呪いの言葉であることに気づかなくてはいけない。

ブチョーの声「おめえのセールス生命は終わりじゃ！」

音楽[40]、フェードイン

桑森にスポット

桑　森「よし、わかったよ。ここから逃げちゃいけねぇ。仕事を変えたって、きっと同じことの繰り返しだ。どうせたっぷり時間はあるさ。考える。考えてやる。とんだ目に遭ったけど、この入院は、ちょうど神様がくれた[41]自分と向き合う時間だ。おっさんよ、俺は腹をくくった。もう逃げねえぜ。どんだけ時間がかかるかわからねえが、よし、とことん考えてやろうじゃねえか！（起き上がろうとして）あ痛てててて……」

照明、フェードアウト

音楽、盛り上がる

40▼松任谷由実『ジャコビニ彗星の日』

41▼「神様がくれたお休み」ドラマ『ロングバケーション』の名台詞だったね。

第二幕　現在　SCENE 2（幕前）

スポット、上手からワンドア[1]の冷蔵庫を担いで桑森（現在）登場

スポットと同時に音楽、カットアウト

上手の奈落[2]と通じる場所に冷蔵庫をドカッと置く

冷蔵庫にもスポットが当たる

桑森　「それから三か月間、俺はベッドの上で自分との対話[3]という修行に入った。覚悟を決めて、本気で挑んだ。例えるなら、この冷蔵庫の中に閉じこもった状態だ。（冷蔵庫を一度開ける、中[4]はくり抜かれていて空っぽ、そしてバタンと閉める）外界を一切遮断し、食事も一切取らない、ベッドを一歩も出ない、究極の状態まで自分を追い込んで考えた。どうせ一度は死んだ身だ。死んだ気になればなんだってできる。看護師が食事を取れと毎日騒いでいたが、俺は無視した。命を粗

1▼冷蔵庫の中はくり抜かれ、底板も外されている。客席には見えないように注意。

2▼奈落とは、舞台の下の空間のこと。つまり冷蔵庫の下に舞台の地下に通じている開閉式の穴があり、役者が冷蔵庫から奈落に降りたり、奈落から冷蔵庫の中に入ったりすることができる。

3▼この場面でのセルフコミュニケーションとは、セルフコーチング。自分を自分がコーチできるかが鍵。自分の脳と心の会話だとしたら「悩」という漢字の意味がしっくりくるだろ？

4▼中が空っぽであることを観客に印象づけておくことが大事。

末にしたわけじゃない。[5]むしろ生きるために俺は自分に命懸けの挑戦をしたのだ。

たかがセールスに、そんな大袈裟なと思うかもしれないが。

とんでもない！　志とは、武士の心と書く。

武士は、[6]大義のためにいつでも命を投げ出す覚悟を持って生きたのだ。

俺が使命にたどり着けるかどうか、俺が本物のセールスマンシップを身につけられるのか、[7]命を懸ける価値は充分あった。

結局看護師はさじを投げて、食事を点滴に変えた。おかげで俺は三か月もの間、飢え死にすることなく考えることができた。

しかし、閉ざされた冷蔵庫の扉は簡単には開かない。この扉が開くときは、俺が答えにたどり着いたときか、あるいはギブアップしたときだ。

目を閉じ、自問自答を始める。闇の中で言葉だけが行き交う。

今まで考えるなんてことをサボってきた俺には、百年かかっても到達できないほど、とんでもないことに挑戦していることに気づ

5▼覚悟のない者はだらだらと生きる。

6▼義、打算や損得から離れた正しい行い。今の日本には、打算と損得勘定にまみれた大人たちが、蔓延っている。世界で一番貧しい大統領と呼ばれた、ウルグアイの元大統領ムヒカ氏が来日の際こう語った。「日本では、人々があまり希望を持てないと聞きました。若者の多くが投票に行かないそうですね。彼らは、社会が変化するということを信じていないのでしょう。何か魔法のようなものが社会を変えてくれると思わないでください。あなたと同じ志を持つ人はたくさんいます。仲間を見つけて集まってください。そして戦ってください」。ムヒカ氏は、武士道の精神を忘れてしまった日本人に警鐘を鳴らしてくれた。

7▼命を懸けて事を成し遂げる姿ほど感銘を受けるものはない。幕末の英雄たち、第二次世

いた。

それでも[8]無限に続く暗いトンネルの中を、俺は一人歩いた。

どれだけ歩いても、光が差し込む気配すらない。

考えれば考えるほど底なしの沼に沈んでいくようだった。

覚悟を決めた以上、ただその先に答えがあることだけを信じて歩く。

次第に[9]五感は麻痺していき、意識はうつろとなり、起きているのか、眠っているのかすらわからなくなった。
[10]膨大な時間が流れた。
季節はゆっくりと秋に変わっていった。

やがて、考える言葉は尽き……無になった。

（間）……長考を始めてちょうど百日目。考えることを止めて俺は深い眠りに落ちた。そして目が覚めたとき、突然真っ直ぐに一本の稲妻が落ちた」

稲妻の光と音

界大戦時の特攻隊、高熱の岩盤を砕きながら黒部ダムを完成させた男たち、月面にたどり着いた宇宙飛行士。そんな偉大なる人間の物語を体感することができる読書や映画は素晴らしい心の栄養だ。

8▼希望が見えない状態だが、絶望ではない。見えなくとも信じる限り、それが希望となる。

9▼心頭滅却すれば火もまた涼し。内側の心に集中すれば、外側の苦痛は感じなくなるんだ。

10▼時間が流れているのは、外の世界。心の世界に時間はない。一瞬で過去にも未来にも行くことができるだろ。肉体は三次元でも、精神は四次元。だから、精神世界においては、過去は修正できる。このことは、また別の機会にでも話そう。

桑森　「ズドーンと、一瞬にして答えが頭の上から降ってきた！
言葉[11]ではなく、エネルギーの塊だ。
それは、一点の曇りもない完全なる答えだった。
（短い間）そして、ついに開かずの扉が開いたのだ！」

桑森のスポットが消え、桑森上手に消える
舞台上、スポットが当たっている冷蔵庫だけが見えている
冷蔵庫の鍵が「ガチャン」と外れる音がして、「ギィイ」という音とともに冷蔵庫の扉が開く
歓喜の音楽[12]、カットイン
冷蔵庫の内側から、眩しい光が漏れる
中には[13]、包帯だらけの桑森（三十年前）がいた！
喜びと驚きと強い信念を湛《たた》えた表情でゆっくりと冷蔵庫から出てくる
スポット、フェードアウト
冷蔵庫からのバックライトで、桑森のシルエットが際立つ

11▼本当にこの通りだった。大袈裟ではなく、突然、一瞬にして答えが降りてきたんだ。これを「直感」というんだな。言葉が存在していなかった時代の人間は、きっとこの直感で生きていたに違いない。

12▼ベートーヴェン『交響曲第9番』第4楽章『歓喜の歌』の合唱のシーンからカットイン。

13▼空っぽであるはずの冷蔵庫から、若き日の桑森が登場するシーン。マジックとしての効果もあるが、それよりも「生まれ変わった新たな命」としての印象を強調するシーンである。歓喜の音楽に包まれながら、冷蔵庫から後光が射すように眩しい光が放たれる。

音楽盛り上がって、やがてバックライトとともにフェードアウト

第二幕　三十年前　第二場

照明、カットイン

公園

ベンチ、街灯など第一幕と同じだが、中央がセミナールームではなく、一軒家の玄関と同じくらいの高さ（一尺半くらい）の台が置かれ、その上にブチョーがおばさんのようなかつらを被って正座しており、プレゼンの練習用に、一軒家の玄関を再現している

ホンカン、ブチョーの前にセールス用のカバンを持って立っている

ホンカン「ですからお母さん、この教材はですね、今までにない画期的なシステムになっておりますて……えーっと、教材は質問《すつもん》ができないという最大の欠点をですね、な、な、なんとセンターに電話すれば、個別に質問ができるという、そりゃあもう……」

ブチョー「んー、でもうちの子、家で宿題もやらないのに、教材なんかやるかしら？」

ホンカン「だ、大丈夫ですよ。[1]この教材は、勉強が苦手な子にも楽《たの》すく学べるように、イラストがいっぱいあって……」

ブチョー「でも教材でしょ？　実際こういうのやるのは初めだけで、結局積[2]み残しちゃうんじゃないの？」

ホンカン「ですからそんなときはですね、センターに電話すてですね……」

ブチョー「やめろ！　やめろ！　てめえ、セールスマンをなめんなよ！　てめえのプレゼンにゃあ、魂がねえんじゃ！[3]　（台の上に広げてあった教材をぶちまける）」

ホンカン「やはりホンカンには、桑森しゃんの代わりは無理であります」

ブチョー「そんなこたぁ初めからわかっとるわい。あー暇じゃなあ」

間

ブチョー「よし、じゃあしりとりでもやるか」

1▼典型的な、応酬話法のダメな例。相手の反論の言葉に反応して、理詰めで説得をしているよね。いくら正しくても、相手はカチンとくるんだ。あなただってそうでしょ？

2▼教材の最大の欠点が、積み残す可能性があるということ。今も昔も教材よりセミナーや研修の方が人気はある。しかしセミナーなどは、知識を学ぶには役立つが、それだけで能力が身につくわけではない。教材の目的は反復することで、繰り返し反復なくして能力にはならない。セミナーが悪いとは言わないが、セミナーオタクにだけはなるなよ！

3▼魂のないプレゼンは、ノンアルコールの日本酒のようなもんだ。

ホンカン「しりとりでありますか?」
ブチョー「負けた奴は、尻を十回蹴られる。いいな? じゃあ、わしから。んーーー、きりん。あ、負けちゃった」[4]
ホンカン「え?」
ブチョー「今のはなし。じゃあ、もう一回。んーーー、プリン。あれ、また負けちゃった! 今のもなしな」
ホンカン「えー!? めちゃくちゃ弱いじゃねぇですか。じゃあ、今度はホンカンから。えー、ババロア」
ブチョー「あ? あ、あ、あんぱん!」
ホンカン「ん! ん!」
ブチョー「アンパンマン!」
ホンカン「えーっ! 呪われてるレベルで弱いじゃねぇですか! ギネスブックに載せられますよ」
ブチョー「しりとりはやめじゃ! こんなのは大人がやる遊びじゃねぇ。じゃあ、英語禁止ゲーム。今から英語を口にした奴の負け。いいな?」

4▼んみゃーち、んなぐぁー、など、沖縄には「ん」から始まる言葉があるそうだ。

ホンカン「えっ、勝手だなあ」
ブチョー「何？」
ホンカン「あ、いいえ。わかりますた！」
ブチョー「よーい、スタート！」
ホンカン「あ！　今、スタートって！」
ブチョー「あー、ちくしょう！　もうやめじゃ、やめじゃ！　おめえと遊んでてもちっとも面白くねえ！　もういい。全部おしまいじゃ！　[5]もう待ちくたびれて堪忍袋の緒が切れたぞ。おい、冷蔵庫のビール持ってこい！」
ホンカン「え！　だってあれは……」
ブチョー「早く持ってこい！」
ホンカン「で、でも……」
ブチョー「いいから持ってこいって言ってんだ！」
ホンカン「へ、へい！　（冷蔵庫を開けて、一本だけ入っていた缶ビールをブチョーに持っていく）ど、どうぞ」
ブチョー「ちぃー、やっぱり冷えてねぇか」

5▼あれから三か月以上も私を待っていてくれたんだ。待つという行為は、何も起こらないのにドラマチックだ。不条理であり、もの悲しく、そして美しい。

ホンカン「そりゃそうですよ。あの冷蔵庫は、[6]粗大ごみ置き場から師匠が拾ってきたんだし、第一ここには電気がねぇんですから」

ブチョー「これまでじゃな（缶をプシュッと開ける）」

ホンカン「あー！　とうとう開けちまった！　最後の一本、開けちまった」

ブチョー、ゴクゴク飲み始める

ホンカン「あー！　飲んずまった！　あれだけ桑森じゃんが帰ってくるのを信ずて、ずっと辛抱[7]すとった最後の一本を……つうことは、つまり……」

ブチョー「ああ。ビールの切れ目が、縁の切れ目。これでおしめぇだ[8]」

ホンカン「そんなぁ」

ブチョー「そろそろ冬も近ぇし、まあ、潮時じゃな」

桑森の声「（遠くの方から）おっさーーーん」

ブチョー「ん？　おめぇ、今わしのことおっさんって呼んだ？」

ホンカン「まさか、ホンカンが師匠に向かっておっさんだなんて」

6▼この冷蔵庫の存在が、観る者に現在と三十年前を視覚的に繋いでくれるのだ。

7▼我慢と辛抱の違い。我慢とは、我慢する以外に術がないときに、沸き起こる感情を、さらなる力で抑え込むこと。辛抱とは、目的を達成するために、辛さや苦しみに打ち勝とうとすること。似ているようでまったく違う。我慢の先には不平不満があり、辛抱の先には喜びがある。

8▼「それを言っちゃあ、おしめぇよ」フーテンの寅さんの口癖である。馬鹿で粋な生き方を学びたければ『男はつらいよ』の第一作を観よ！

ブチョー「空耳か。ついにわしも焼きが回ったか」[9]
桑森の声「おっさーーーん」
ブチョー「ほら！　今、確かに言ったじゃろ！」
ホンカン「ぶんぶん（首を振る）」
ブチョー「え？　じゃあ今のは……」

上手を振り向くと桑森が息を切らして立っている
桑森、左手がギブスのまま

桑　森「おっさん……」
ブチョー「く、桑森ぃ！」

ホンカン、感動でどうしていいかわからず、口を手で押さえて突っ立っている
ブチョー、喜びのあまり[10]桑森に抱きつくのかと思いきや、急に態度を翻し、そっけなく

9▼焼きが回るとは、歳をとったせいで勘が鈍るという意味だが、ほとんど死語だな。なぜ死語になったのかを推測するに、今の時代は、昭和の職人のように勘を研ぎ澄まして働いている人間が激減したからだろう。そもそも何でもＩＴに頼って、日常でてめえの勘など使ってる奴がいなくなっちまった。勘は鈍るどころか、とうの昔に退化してるよ。

10▼頑固であまのじゃくな人間の特徴。芝居において素直な役は素敵だが、味が薄い。癖がある役の方が、舞台では栄えるし、後で良さが倍増するのだ。映画『Ｅ．Ｔ．』を最初に観たとき、なんて不細工な宇宙人だ、と思っていたが、ラストシーンでは、可愛くてしょうがなくなっていた。ギャップに人は惹きつけられるんだ。あなたは、自分にギャップを作っているかい？

ブチョー「ふん、な、何じゃい今頃?」
桑　森「おっさん、俺……」
ブチョー「どうした、その手は？　痛ぇ目にでも遭って、ちったぁまともになったのか?」
桑　森「ああ、めちゃめちゃ痛い目に遭ったよ。そんで、やっと腑に落ちた。[11]おっさんの言ってたことがな」
ブチョー「何ぃ？　使命感にたどり着いたとでも言うのか?」
桑　森「ああ。やっとたどり着いたぜ、[12]おっさん。俺はもう、ぶれねえ。俺はこの仕事に、百万の教材を売ることに、誇りを持って魂を込められるぜ！」
ブチョー「言ったな、桑森」
桑　森「ああ」
ブチョー「よし、じゃあ、早速見せてもらおうじゃねえか。おい、ホンカン！こっち来て生徒の役やれ（ホンカン、台に上がる)。ここ座って、これ被って（リーゼントのかつら）よし、実践的ロープレいくぞ。[13]玄関から入ってくるところから」

11▼この言葉の意味は、言葉を理解したということではなく、言葉の意を酌んだということ。その言葉の本質にたどり着いたのだ。

12▼わかるのは一瞬でできる。しかしたどり着くには時間がかかる。わかっていてもたどり着かなければ腑に落ちない。

13▼実際のプレゼンを想定して行うロールプレイング。セールスマン役、見込み客役、客観的にロープレを見るフィードバック役の三人で行うことが理想的である。そしてここからが実践的プレゼンの解説！　さあ、ビシビシ解説をしていくぞ！　まずは解説に先立ち、プレゼンの5ステップを確認しておく。相手の価値観を変えるためには、心理学を応用した「アプローチ」「問題意識」「利益と可能性」「クロージング」「反論」という5ステップを活用するべし。

桑　森「あーあ、俺の商売道具[14]、こんなにしやがって（投げられた教材を拾いながら）」
ブチョー「よーい、アクション！」
ホンカン「あ、また英語！」
ブチョー「今はいいだろ！」
桑　森「ピンポーン（チャイムの音）」
ブチョー「はーい」
桑　森「ガラガラガラ（玄関の戸を開けながら）ごめんください」
ブチョー、ホンカン「いらっしゃい」
桑　森「あ、ちょっと、ストップ！」
ブチョー「どうした？」
桑　森「いや、玄関開けて、いきなり親子が座ってるのは変だろ。旅館の女将じゃねえんだから。それからお巡りさんは、もっと不良っぽく」
ホンカン「不良でありますか？」
桑　森「ああ、受験なんかまったく興味がない、勉強が大嫌いな高校生で

14▼セールスマンにとってプレゼン資料やサンプルは大事な道具。しかしもっとも大切な道具は、言葉だ。道具を大切にしなければ商売はうまくいくわけがない。セールスマンたる者、料理人が毎日包丁を研ぐように、言葉を研ぎ澄ませ！

やってくれ」

ホンカン「そ、そ、そんな生徒に売れるでありますか⁉」

桑　森「それができなきゃ、プレゼンじゃねぇだろ？　逆に言えば、そんな生徒に売れれば、どんな生徒にも売れる。そうだよね、おっさん？」

ブチョー「ああ、そうじゃな。おめぇが、本当にプレゼンの本質にたどり着いたって言うんならできるじゃろ。よしホンカン、じゃあこっちで飯でも食っていよう。おい、こっちじゃ（台の奥に移動）」

ホンカン「あのー」

ブチョー「なんじゃ？」

ホンカン「おかずは、何でありますか？」

ブチョー「何でもいいだろ」

ホンカン「いや、よくないであります。だって、ハンバーグならこうだす（ナイフとフォーク）ラーメンならこうだす（箸ですする真似）カレーだったら……」[15]

ブチョー「おめぇ、細けぇんだよ。好きなもんでいいじゃろが！　ハンバー

15▼役者だとしたなら素晴らしいこだわりだ。ハンバーグとラーメンでは、セールスマンに対する対応が微妙に変わってくるからだ。しかし、セールスのロープレにおいては、まったく必要ない。

グでもカレーでも箸で食え！」
ホンカン「じゃあ、大好物のすき焼きでいかすてもらいますよ！　すかも米沢牛の……」
桑　森「（ごちゃごちゃ言ってる間に）ピンポーン」
ブチョー「あれ、誰かしら。はーい」
桑　森「ガラガラガラ、ごめんください。昨日お電話しました、現役合格指導センターの桑森です。ホンカン君のお母さんですか？」
ブチョー「あらやだ、もうそんな時間？」
桑　森「あ、おいしそうな匂い。[16]もしかしてお食事中でした？　[17]もう少し後で伺いましょうか？」
ブチョー「あら、いいのよ。ちょうど今終わったとこだから」
桑　森「ああ、よかった。[18]ホンカン君もいらっしゃいますか？」
ブチョー「ええ、ちょっとホンカン！　こっちいらっしゃい。さっき話した指導センターのお兄さん来てくれたわよ」
ホンカン「何だよ、うっせーなぁ」
桑　森「ホンカン君、今晩は。この地域を担当してる桑森って言います。

16▼現場の状況を察知する。目に映るもの、聞こえる音、匂い、雰囲気などを、五感を研ぎ澄ませて感じること。アプローチの段階では、まず相手の情報を収集することを心掛けよ。

17▼さりげない気遣いは必要だが、下手に出てはいけない。「すみません、忙しいところに……」などと「すみません」という言葉を使わないこと。その言葉を使うと相手の潜在意識に「忙しいのにわざわざ聞いてあげている」という印象が残ってしまい、心理的に相手の方が優位な立場になってしまう。

18▼受験用学習教材の場合は、親が良くても本人が良くなければ契約には至らないので、必ず親子でプレゼンを受けてもらう。これと同じように、自分の商材なら誰が契約に必要な相手なのかを確認すること。

よろしくね。いやあ、ホンカン君は羨ましいなあ。[19]お母さんの美味しいご飯毎日食べられるんだもんね？　やっぱりお母さんの手料理が世界一だよね」[20]

ブチョー「あらやだ、世界一なんて！　この子なんか一度だって美味しいって言ってくれたことないのよぉ」

ホンカン「うぜぇ」

桑　森「ところでホンカン君は、今二年生だよね？　そろそろ受験のことは気になってるんじゃないかな？」[21]

ホンカン「あん？　んなもん興味ねえよ」

桑　森「あれ？　でも、受験はするよね？」

ホンカン「んなもんするわけねえだろ！」

桑　森「そうか、じゃあ高校卒業したら働くのかな？　それも偉いよね。[22]無駄に親のお金使って四年間を過ごすアホな学生より立派なことだよ。ねえねえ、じゃあもし、受験がなかったらどうする？」

ホンカン「はあ？」

桑　森「仮の話しだけど、もし日本の大学全部受験がなくなって、どの大[23]

19▼「羨ましい」「憧れる」「尊敬する」などの「気持ち」を言葉にして承認する。知っていれば誰でも簡単に使えるぞ。

20▼直接本人を褒めるよりも、間接的に褒めると効果が倍増する。逆もまた然り。「お母さん、○○君イケメンじゃないですか！　自慢の息子さんでしょ？」と母親に言うことで、息子を褒める。

21▼通常アプローチの段階では、YESを取っていく質問を続けることが効果的だが、このケースのように強い反発が予想される相手には、あえてNOを言わせながら本音を引き出していく。無理にYESを言わせようとすると、シラケて黙ってしまうが、NOなら答えてくれる。この場合の一番引き出したい「本音」は何かわかるかな？　それがわかっていなくてはプレゼンにならないぜ。

22▼何を言われても否定しないで、承認か同調をする。目的は相手の心を開くこと。

学でも行けるとしたらどうする？　四年間、大学でキャンパスライフを堪能できるんだよ。自分の好きな専門の勉強ができるし、それから大学の合コンとか楽しそうだと思わない？　ねえねえ、どうしたい？」

ホンカン「[24]受験がねえなら、行きたいに決まってんだろ！」

桑　森「あれ？　ちょっと待って。じゃあ、[25]ほんとは大学に行きたいんだよね。でもホンカン君、さっき受験しないって言わなかった？　ほんとは行きたいのに、何で受験しないの？」

ホンカン「はあ？　受験したって受かるわけねえだろ！」

桑　森「受かるわけがない？　[26]ねえ、ほんとにそう思ってるの？」

ホンカン「何だよ」

桑　森「確かに受験が明日だったら受かる大学なんかないかもね。でもね、受験までは一年以上あるんだよ」

ホンカン「一年あったって、無理なもんは無理なんだよ！」

桑　森「え？　じゃあ、君は勝てないと思った相手とは戦わないで逃げ出すの？　[27]部活の試合で自分たちよりも強いチームが相手だった

23▼大学受験をしないという価値観のままではプレゼンは続けられない。今大事なのは、相手の考えている方向を変えること。「受験しない」から「受験する」に変えたいんだ。ここで有効なのは、もし(if)を使って、相手の障害(この場合は受験)を取り除くという反論処理のスキルだ。

24▼21の答え！　これが引き出したかった「本音」なんだ。

25▼「本当は○○ということだよね」と言葉で言い直してあげると、相手の潜在意識に「本当は自分は○○だと思っている」が刷り込まれる。小さなクロージングといって重要なスキルだ。この場面は、問題意識のクロージングの始まりだ。

26▼勇気を持って相手に踏み込む。相手の心に片足を突っ込む。足を突っ込まれているから、心を閉じられない。

27▼例え話で問題意識に導いていく。例え話だからNOは言えない。

ら、その試合棄権するの？」

ホンカン「う……」

桑　森「ケンカだったら？　強そうな奴が相手だったら、しっぽ巻いて逃げる？」[28]

ホンカン「逃げねえよ！」[29]

桑　森「そうだよね、負けるかもしれないけど戦うよね」

ホンカン「当たり前だろ」

桑　森「じゃあ何で受験からは逃げるんだよ？」

ホンカン「はあ？」

桑　森「だってそうだろ？　君は今、受験という強敵から逃げようとしている。戦ってもいないのに、負けを認めて白旗を振ってる」

ホンカン「何だとぉ」

桑　森「君は、それでいいのか？」

ホンカン「く……」[30]

桑　森「ねえ、ホンカン君の高校にも、野球部ってあるだろ？」[31]

ホンカン「ああ」

28▼例え話でさらに畳みかける。

29▼この言葉を引き出したことによって、次の「じゃあ何で受験からは逃げるんだよ？」という問題意識を入れることができる。

30▼頭で反発しようとしても、心が問題意識を認めてしまっているので反発できない。

31▼ここからは、相手の価値観を変えるためのプレゼンに入っていく。連続ドラマで言えば「いよいよ佳境に入る！」といったところだ。

桑　森　「失礼だけど、君の高校の野球部が甲子園に行ける確率ってどれくらい？」
ホンカン「知るか」
桑　森　「五％？　三％？　もしかしたら一％もないかもね」
ホンカン「何が言いてえんだよ」[32]
桑　森　「君が大学に行ける確率と変わらないいんじゃない？　いや、それよりももっと低いだろうね」
ホンカン「だったら何だよ」
桑　森　「でも野球部の子たちは、一％しかない可能性に向かって、本気で挑んでるよね？　おしゃれしたい年頃なのに、頭を坊主にして、晴れの日も雨の日も泥だらけになって甲子園を目指してるよね？　みんながゲームで遊んだり、マンガ読んだりしてるときも必死に練習してるよね？　それを君は、笑える？」[33]
ホンカン「……」
桑　森　「どんなに頑張ったって行けるわけないだろうって、馬鹿にできる？　無駄なことはやめちまえって言える？」

32▼相手に疑問を持たせる。すると相手はあなたに惹きつけられる。

33▼この台詞はとても重要だ。氣を込めて、訴えかけるように、相手の心に沁みるように語ること。備長炭のように、相手の内側から熱くさせるんだ！

ホンカン「……（うつむく）」

桑森「[34]ホンカン君だって、彼らの頑張ってる姿を見たら、心の中で頑張れよって思うよね。そんなことは言わなくったってわかるよ」

ホンカン「……」

桑森「じゃあもし仮に、彼らは三年間頑張ったけど、結局甲子園には行けなかったとしよう。だったら彼らは野球部なんかに入らなきゃよかったたって思うかな？　あんなに頑張った三年間、全部無駄だったと後悔するかな？」

ホンカン「[35]……（小さく首を横に振る）」

桑森「そうだよね。[36]甲子園には行けなかったけど、自分の夢を信じて挑戦したんだ。可能性がある限り、あきらめなかったんだ。やらなかったことは一生後悔するだろうけど、必死にやってみたことに後悔なんてしない。そしていろんなことを学ぶだろう。[37]曲がらなかったボールが曲がるたび、打てなかった球がバットに当たるたび、努力をすれば何だってできるようになることを知る。九回裏に逆転して喜びを分かち合ったことや、反対に逆転負けをし

34▼ギリギリまで問題意識を入れたところで、救いの手を差し伸べる。

35▼まさに相手の心が完全に開いた瞬間だ。こうなれば、あなたのメッセージはどんどん入っていく。

36▼甲子園には行けなかったけど、頑張ることの価値とその感動をプレゼンで擬似体験させることによって、たとえ受験に失敗したとしても受験勉強することの価値を暗に感じさせている。

37▼後に出てくる「書けなかった漢字が書けるようになったり、解けなかった問題が解けるようになったり、読めなかった英文が読めるようになったり」の言葉にかかってくる。そこで強いYESを取るための伏線なので、必ず小さくてもYESを取ることが大事。

て、悔しくて泣きながら、もう一度一からやり直そうと誓ったことや、そんなことが彼らの人生にとってたくさんの栄養になるんだ。決して机の上だけじゃ学べない尊い経験だと思わないか？」

ホンカン「……（小さくうなずく）」

桑森「ホンカン君、彼らは負けてもなぜ美しいのかわかるかな？」

ホンカン「……」

桑森「たとえ甲子園に行けなかったとしても、たった一％の可能性を信じて、本気で夢に向かう。その姿が美しいんだ。甲子園に行った者だけが勝利者なんじゃなく、夢[38]に向かって挑戦する、そのことで彼らはすでに勝利者なんだよ。そう思わないかい？」

ホンカン「……思います」

桑森「ホンカン君、挑戦してみないか？　本当は、大学に行ってみたいと思ってるんなら、その可能性が一％だっていいじゃないか！　いや、一[39]％あれば充分だ！　書[40]けなかった漢字が書けるようになったり、解けなかった問題が解けるようになったり、読めなかった英文が読めるようになったり、そのことに価値があると思わな

38▼大学に受かるかどうかよりも、大学に行きたいから本気で挑戦をするということが、すでに勝利者である、という本質に気づかせている。ホンカン君の価値観がどんどん変化していることに気づいたかな？

39▼何という勇気と希望に満ち溢れた力強い言葉だろう！　我ながらうっとりする。

40▼37の台詞の対。そしてここから利益と可能性の段階が始まる。ポイントは、頭にわからせるのではなく、「描かせる」「感じさせる」ことだ。なぜなら心に響かせたいからである。

いか？　大学に合格することだけがすべてじゃないんだよ。もう、嫌なことから逃げるような人生は今日で終わりにして、夢に向かって挑戦する人生に変えるんだ！」

ホンカン「……（顔を上げながら）挑戦する人生……」

桑　森「ホンカン君、大学は何のために行くところか、本当の理由を知ってる？」

ホンカン「本当の理由？」

桑　森「そう、本当の理由。ただ就職を有利にするために行くところじゃないんだ。ましてや、コンパや遊びのためなんかじゃ決してない。大学[41]はね、生涯の友達を作りにいくところなんだ」

ホンカン「友達？」

桑　森「ホンカン君、僕もね、高校[42]の頃は結構悪くてね。つっぱってケンカばかりやってたくせに、嫌なことからは逃げてばっかりで、だから集まってくる友達もみんな同じ。今から思えば、負け犬同士が群れて傷を舐め合っていただけなんだ。学校にいるうちはまだいいけど、そのまま社会に出てバラバラにされた負け犬はどうな

41▼「相手の想像の外側のトーク」。相手の想像の内側では惹きつけられない。

42▼自分の体験などを話し聞かせることによって、相手はその状況が描きやすくなる。

43▼こんな大人だけにはなりたくない。でも、その人はある日突然そうなったわけじゃない。生まれたときには、ピカピカ輝いていたはずだ。しかし成長する過程のどこかで少しずつ逃げることを繰り返し、気がついたときには取り返しのつかないほど負け犬根性が染みついてしまったんだ。だから、十代の若さで逃げることを覚えてはいけ

ると思う？　そりゃあ、惨めなもんさ。負け犬根性が染みついているから、何をやっても逃げてばっかり。[43]文句と言い訳ばかり繰り返すしみったれた大人にはなりたくないだろ？　だからどんな大学だっていい。大学へ行ってごらん。有名だとか、無名だとか、そんなのはどうだっていい。そこにやってくる人間は、受験から逃げなかった人たちだ。夢をあきらめず、困難に打ち勝った人たちだ。ホンカン君、そんな人たちこそ、君の生涯の友達になるべき人だよ。[44]君は負け犬なんかじゃない。本当の君は、勇敢なチャレンジャーなんだ！」

ホンカン「……（うるうる）」

桑　森「どう？　[45]少しは受験してみようかなって思えてきた？」

ホンカン「俺……[46]受験してみようかな」

ブチョー「えっ！　ホンカン、本当なの？　あんたの口から受験なんて……」

桑　森「[47]ホンカン君、本気なんだね？　ノリや勢いじゃなく、覚悟を持って受験に挑んでみるかい？」

ない。たとえここで教材が売れなかったとしても、その生徒の人生をそのまま放っておくわけにはいかない。そんな気持ちで夢中でプレゼンをしていた。

44▼その通りだ。人間は誰しも負け犬なんかじゃない。無限の可能性を秘めたチャレンジャーなんだ。

45▼「少しは」「ちょっとは」の言葉を挟むとYESが取りやすくなる。

46▼23で解説をした「相手の考えている方向を変えること」に成功した瞬間だ。今回のプレゼンにおいてもっとも必要かつ重要で、難しいクロージングである。この段階を踏まずに、教材の良さをアピールしても、馬耳東風である。

47▼ホンカンに向けた台詞だが、同時に母親にもクロージングをかけている。「今までサボってた子が本当に頑張れるかしら？」という母親の不安を払拭させるための台詞なんだ。

ホンカン「ああ、一回くらい本気でやってみようかな」
桑　森「よく言った！　お母さん、これがホンカン君の本当の姿ですよ」
ブチョー「[48]信じられない！　本当なのね？　本当に受験頑張るのね？」
ホンカン「[49]今からじゃあダメかも知んないけど、でもやらないで後悔するより、挑戦したくなったよ」
ブチョー「ううう……この子ったら……（泣く）」
桑　森「じゃ、ホンカン君、本気で受験に挑むんなら、[50]本気の受験勉強の仕方を教えてあげる。[51]君は塾や予備校に頼っちゃダメだ」
ホンカン「え？」
桑　森「塾や予備校は、確かに学校では教わることのできない受験テクニックや、志望校別の情報などノウハウがたくさんあるよね？」
ホンカン「はい」
桑　森「それが[52]最大の長所なんだけど、じゃあ、最大の欠点は何だと思う？」
ホンカン「さあ、何ですか？」
桑　森「授業を聞いてノートをとってれば勉強した気になることなんだ。

48▼今まで誰が言ってもやる気にはならなかったのに、一介のセールスマンが息子を本気にさせてくれたという感動。どうだい？　セールスマンって素晴らしい仕事じゃないか！

49▼あれ？　いつの間にかホンカンが訛ってない！　なんて揶揄する奴は、ぶっ飛ばす。

50▼さあ、ここからはいよいよ教材のクロージングが始まる。

51▼クロージングとは、クローズ、閉じていくこと。教材の良さを伝えることよりも教材以外の勉強法を消していくことの方が重要である。消し切れないと、見込み客が料金などで不安になった場合、他の手段を考え始める。教材以外に手段が消えれば、契約して受験に挑むか、契約せずに受験をあきらめるかに絞られる。だから論理力が大事なんだ。ちなみにこの場合他の手段とは「塾や予備校」「家庭教師」さらにもう一つ「独学」が考えられる。

授業という形でぐんぐん成績を上げられる体質になっている生徒にとってはいいんだけれど、今までさんざんサボってきた君は、それじゃあダメなんだ。なぜだかわかるかい？」

ホンカン「わかりません」

桑　森「予備校に通ってるのに、二浪も三浪もしてる人がいるよね。その人たちはやる気がないんじゃないんだ。やり方を間違えてるんだ。いいかい、[53]君は受け身の授業ではなくて、自主的にやる能動的な勉強じゃないとダメだ」

ホンカン「能動的な勉強？[54]」

桑　森「そう、自主学習」

ホンカン「自分でやるのか……」

桑　森「そうだ。塾や予備校は、行けば勝手に授業が始まる。授業は面白いし、理解もできて勉強した気分にもなる。だから家に帰ってから勉強しなくても不安も罪悪感もなくなる。そこが落とし穴なんだ。受け身の授業は、そのうちやる気がなくてもただ通ってるだけで満足するようになってしまう。それに比べて自主学習は、自

52▼情報を正確に把握しておくことが大事。あくまでも客観的に、ロジックに基づいたトークでなければ、ただの悪口にしか聞こえない。

53▼人格を否定しないで、やり方や考え方を否定する。このスキルは、見込み客に問題意識を認識させるときにはかなり有効だし、部下や子どもを叱るときにも使える。絶対にやってはいけないのは、人格を否定すること。「だからお前はダメなんだよ」。これを言われたら、信頼関係は終わる。

54▼能動的に勉強する。これは能動的に生きる、ということにも繋がる。粋に生きるとは、能動的に生きるということであり、すべてが自己責任という考え方だ。

分で始めなければ勉強は始まらない。本気で覚悟を決めた者しか続かないいんだ。ホンカン君、覚悟は決めたんだよね？」

ホンカン「はい！」

桑　森「それに今までサボったことを考えると[55]、君は塾や予備校に行くと、ペースが速すぎてついていけなかったり、勝手に他の生徒と比べてしまったりして、できない自分にやる気を失うかもしれない。第一、週に一、二回塾や予備校に通ったって、今まで頑張ってきた人に追いつけると思うかい？　今まで野球をやったことのない子が、急に週に一、二回野球教室に通ったからといって、レギュラーにはなれないだろ？」

ホンカン「そうですね」

桑　森「何だってそうだよ。ギターやピアノだって毎日コツコツ練習するから上達するんだよね？」

ホンカン「はい」

桑　森「だから受験に勝つには、毎日の勉強が絶対に必要なんだ。それはわかるね？」

55▼一般的な例え話でYESを取りながら、徐々に本人の話に持っていく。これがヘビのしっぽのクロージングだ。「どんな人だってズルしたくなることあるよね？　僕もそうだ。君だってそうだろ？」こういう言い方をされると「はい」と言ってしまうだろ？

ホンカン「はい」[56]
桑　森「ただ自主学習には、最大の欠点がある」[57]
ホンカン「何ですか？」
桑　森「ホンカン君は、何か部活をやったことある？」[58]
ホンカン「一応サッカー部です」
桑　森「そうか、サッカーはいいよね。僕もサッカー部だったよ。試合をするのも、観るのも面白いよね。でもそのサッカーだって、山に籠って一人で勝手に練習してたんじゃあ上手くならないだろ？」
ホンカン「ええ」
桑　森「上手くなりたいならどうしたらいいと思う？」
ホンカン「誰か上手い人に教わる？」
桑　森「その通り。やっぱりテクニックを知ってる人にちゃんと教わった方がいいよね？　パスの出し方やフェイントのかけ方や、バナナシュートの蹴り方なんて自分じゃ発見できないだろ？」
ホンカン「はい」
桑　森「つまり、自分一人でも勉強はできるけど、受験に必要なノウハウ

56▼ＹＥＳを取りたい会話の前に、必ず小さなＹＥＳが取れる質問を二つくらい挟んでおく。これもヘビのしっぽのクロージング。

57▼最後の選択肢（独学）を消していく。しかし、教材学習はある意味独学スタイルなので、独学そのものの否定ではなく、ノウハウのない独学では不充分であることをクロージングしていく。

58▼ただ質問にわかりやすく答えていくよりも、会話の中で答えに気づかせた方が腑に落ちる。

がないってことなんだ」

ホンカン「受験のノウハウですか」

桑　森「どんなことにもノウハウ、つまりツボとコツがあるんだよ。例えば国語や英語の長文の問題は、先に問いを読んでから文章を読んだ方がいいとか[59]、選択肢の問題でわからないときは、文章の長い選択肢は正解である確率が高いとかね」

ホンカン「へぇえ」

桑　森「そんなこと自分で発見するのは無理だよね。一番いいのは[60]、毎日受験に強い家庭教師に来てもらって、君のペースに合わせて勉強を見てもらうことだけど、それじゃあお金が何百万かかるかわからない」

ブチョー「ひぃー」

桑　森「だから、ホンカン君の場合は、教材学習しかない[61]！」

ホンカン「教材……」

桑　森「これが[62]、うちの扱ってる教材なんだよ。このテキストに沿って、問題を解いたり、理解して暗記していくんだけど、テキストに合

59▼こうした知識や例え話で役立つ雑学なんかは、日頃から仕入れておくことが大事。本や新聞を読んでいる人は、雑学に強いぞ。

60▼一流のアスリートは個人でトレーナーを雇っているし、そりゃあ教育にいくらでもお金をかけられるならそれがいいよね。

61▼言い切ることで、言葉にパワーが生まれる。目的よりも正しさにこだわるセールスマンは言い切れない。正しさにこだわると言えば聞こえはいいが、深層心理はクレームを受けたくないという保身である。

62▼ここからは特に言い方、エネルギーが重要だ。生まれたばかりの子どもの写真を見せるようにワクワクしながらプレゼンしろ！

わせて、一線で活躍してる予備校の先生の解説をカセットテープで聞きながら進めていくんだ。予備校に通っている人が予備校に求めてるものって、問題の解き方や受験テクニックであって、友達とのおしゃべりや、楽しそうな雰囲気じゃないだろ？」

ホンカン「はい」[63]

桑　森「みんな時間をかけて予備校に通っているけど、やってることといえば、結局は、授業を聞いてノートをせっせと書き写してるだけだろ？」[64]

ホンカン「そうですね」

桑　森「じゃあ、教材で充分じゃない？　教材だったら受験テクニック満載の授業をいつだってカセットテープで聞くことができるし、この教材はすでにテキストになってるから、全部を書き写さなくても、重要なとこだけを書き込んでいけばいいんだ。通う時間だって必要ないし、余分なことまでノートをとる必要もない。その分、君は遅れを取り戻す時間に使えるんだ。その方がいいと思わないかい？」[65]

63▼一方的な会話にならないように、何度も小さなYESを取ることを忘れずに。

64▼教材より予備校の方がいいと思っている人でも、実は明確な根拠を持っているケースは少ない。その漠然とした思い込みを明確なロジックで払拭するのだ！

65▼自分が扱っている商材の「目的」「利点」「効果」「差別化」そして「弱点」。これらを明確に言えるかい？　意外とスラスラ言えないセールスマンが多いことに驚く。勉強も工夫もなしに商売やろうってのは、虫が良すぎるんじゃないか？

ホンカン「そうですね」

桑　森「教材より塾や予備校の方が優れている点があるとしたら、楽しそうな雰囲気とか勉強したっていう満足感なんだ。でも、それは本質じゃないし、楽しい雰囲気がお望みなら、予備校よりも遊園地に行った方がいいよね？」[66]

ホンカン「なるほど」

桑　森「それに予備校の授業は、聞き逃したらそれでおしまいだけど、これはカセットテープだから、何度でも聞き直せるんだ。それに教材の一番のメリットは、自分のペースで授業を進められるってことさ」

ホンカン「へええ」

桑　森「忙しいときや、疲れてるとき、今日は三十分だけ勉強しようってときもあるし、今日はノリノリだから三時間やってみよう、なんてことあるだろ？　でも、塾や予備校じゃ、そうはいかない。時間割は決められてるからね」

ホンカン「そうですね」

66▼細かいことを言えば、いくらでも塾や予備校の良さに触れることもできるが、ここではシンプルに本質に目を向けるように導いていくこと。

桑　森「でもね、教材にも欠点がある[67]」
ホンカン「そうなんですか？」
桑　森「質問ができない」
ホンカン「ああ！」
桑　森「今までの教材のマイナスなイメージは、そこにあるんだ。でも、もし電話で、何でも質問ができたらいいと思わない？」
ホンカン「はい、いいですね」
桑　森「[68]それを可能にしたのが、うちの会社なんだ。センターに電話をすれば、教務課の先生が質問に答えてくれる。しかも何度でも」
ホンカン「そうなんですか⁉」
桑　森「そうだよ。代々木にあるセンターに来てくれれば、君のペースに合わせたスケジュールだって作ってくれる」
ホンカン「わあぁ」
桑　森「これだけ万全な体制があるなら、あとは……」
ホンカン「あとは？」
桑　森「[69]君の本気さだけだよ」

67▼あと少しで契約か、というときにあえて欠点を言う。「じらす」というスキルだ。あっさりと契約が決まったときは、あっさりとキャンセルになることが多い。餅もセメントも、よくこねた方がいいんだ。

68▼一旦下げておいてから上げる。これは小悪魔テクニックと言って、今風に言えばツンデレかな。キャバクラ嬢のテクニックでこんなのがある。「もう○○さんなんて、自信過剰で、毒舌で、自分勝手で……でも、そんなとこが好き！」。下げた分、その反動で最後の上がり方がハンパないよ！　あ、岡野に聞いた話だけどね。

69▼教材における最大の弱点は、積み残し。積み残しさせないためには、本人を本気にさせるしかない。このクロージングから逃げてはいけない。このプレゼンにおいて最大の山場はここからだ。

ホンカン「本気さか……そうだよね。でも……」
桑　森「今から頑張っても間に合わないかもしれないって思うよね」
ホンカン「……はい」
桑　森「うん、正直でいいよ。じゃあ、もし仮にあと一年、この教材で本気で頑張ったとしよう。でも残念ながら現役では合格できなかった。そんなこともあるかもしれない。[70]だとしたら君は本気で頑張ったことを後悔すると思うかい？　そんなことなら、遊んでた方がよかったと思うかい？」
ホンカン「いいえ」
桑　森「自分の夢に向かって、本気で頑張るということに価値を感じられるんだね？」
ホンカン「はい」
桑　森「じゃあ、もう答えは出てるじゃないか。どうだホンカン君、頑張ってみるか？」
ブチョー「あのー」（今まで黙って話を聞いていた母親役のブチョーが口を開く）

70▼36で野球部の話をしたことが伏線となっていて、ここで効いてくる。プレゼンとは、まさに将棋と同じ。何手先まで読めるかが勝負の分かれ目だ。

桑　森「何ですか？　お母さん」[71]
ブチョー「でも教材って、やっぱりお高いんでしょ？」
桑　森「お母さん……決して安くはないですよ」[72]
ブチョー「え！」
桑　森「一教科二十万。五教科だと百万です」
ブチョー「ひゃ、ひゃくまん……」
桑　森「お母さん、僕は百万で教材を買ってくださいって言ってるんじゃないんです！」[73]
ブチョー「え？」
桑　森「百万で、ホンカン君の人生を変えませんかって言ってるんです！困難から逃げてばかりいるような人生から、可能性が低くても、本当にやりたいことに挑戦する人生に！」[74]
ブチョー「はい！」
桑　森「お母さん、ホンカン君の未来にもし値段をつけるとしたら、いくらですか？　百万が高いですか？」[75]
ブチョー「ごめんなさい！　高くないです！」

71▼母親の不安は想定内。次に向かうのは料金に対してのクロージング。百万が安い！　を腑に落とすには⁉

72▼ここで、「高くはないですよ」と言ってしまうとまた説明になってしまう。

73▼出た！　想像の外側のトーク。一瞬で相手の心を開いて惹きつける。「え！　どういうこと？」。理解できないとき、人は思考停止する。

74▼73の対のトーク。これが大事。見込み客が本当に欲しいものは、商品ではなく、商品から得られる利益や可能性である。それを相手の腑に落とすんだ。

75▼あなたが扱っている商材についても考えてみて欲しい。その商材から得られる利益や可能性に値段をつけたらいくらになる？

桑　森「お母さん、もしホンカン君が、本当に自分の未来を変えるために、真剣に受験勉強をやるって言ったら、この教材買ってあげてもいいかなって思ってませんか？」

ブチョー「ええ、そうですねぇ」

桑　森「それじゃあダメなんです[76]」

ブチョー「え？」

桑　森「それじゃあ意味がないと言ってるんです」

ブチョー「え？　え？」

桑　森「お母さん、なぜホンカン君は挑戦しないで逃げるようになってしまったのかわかりますか？」

ブチョー「それは……」

桑　森「小さなときはどうでした？[77]　ホンカン君は、何にでも挑戦する、チャレンジ精神に満ち溢れた子じゃなかったですか？　そうでしょ？　ところが、そのうちホンカン君が欲しがるものを、お母さんやお父さんが何でも簡単に買って与えてきたんじゃありませんか？　もちろんそれが愛情だと思ってらっしゃったんでしょう

76▼買ってあげてもいいと言ってる母親に、わざわざ「それじゃあダメだ」と売らない。いったいなぜ？　と思うだろう。普通は「じゃあこれが契約書です」と書類を出したくなる。確かにそれでも契約にはなるかもしれないが、後で父親に反対されたときに、それを説得できるレベルで本気にさせないと、キャンセルになりかねない。さあ、ここから「この子は本気だ！」と確信するレベルに持っていくぞ！

77▼母親を叱りながら、実は息子を褒めている。20で解説した間接的に褒めるスキルだ。母親には問題意識を、同時に息子には勇気づけをしている。

が、お母さん、もうホンカン君を甘やかさないでください。僕[78]は、お母さんにこの教材を売る気はありません」
ブチョー「えっ……」
桑　森「ホンカン君、君は百万円の貯金はあるかい？」
ホンカン「ないです」
桑　森「じゃあ答[79]えは一つしかない」
ホンカン「……（桑森を見つめる）」
桑　森「今[80]ここで、お母さんに土下座してお金を借りるしかない」
ホンカン「え⁉」
桑　森「社会人になったら、絶対に返すから貸して欲しい。毎日死に物狂いで勉強するから貸して欲しい。それを約束するしか方法はない」
ホンカン「土下座、ですか？」
桑　森「どうせ今まで散々迷惑かけてきたんだろ？　本気で勉強する覚悟があるなら、土下座なんかどうってことないだろ！　君の本気さを見せてやれ！」
ホンカン「よし、わかった！（ブチョーに向き直って正座する）」

78▼もう完全にぶっ飛んだセールスマンだ。

79▼裁判官の「判決を言い渡します」と同じエネルギーで！

80▼ここまでやる必要はないのかもしれない。しかし私は、本人の本気さを確認したかった。中には、どうしても親に頭を下げられない生徒もいた。そんなときは「クロージングが下手くそで、相手を本気にさせられなかった」と解釈して、契約はしなかった。馬鹿じゃないの？と思うだろう。しかしそれは私のプライドであり、私の価値観なのだ。親に頭も下げられないレベルの覚悟じゃ、教材だって使いこなせない。買ってもらいたいのは山々だが、積み残すなら売る気はない。ただカッコつけて言ってるわけじゃない。この分の契約は、絶対に他で取り返す。その覚悟がなければ、売れないセールスマンのきれいごとでしかないからな。

ブチョー「え？　何？　何？」

ホンカン「母さん、今までいろいろ迷惑かけた。心配ばっかかけて、何にも努力してこなかった。でもこの人に会って、俺、勉強頑張ってみたくなった。頑張ってもダメかもしんねえけど、それでも頑張ってみたい。だから……絶対に返すから……百万円貸してください！（土下座）」

ブチョー「[81]うっ……そんなの……いいに決まってるじゃない！　くぅー、ホンカン！　うっ……うっ……（泣く）」

桑　森「……良かったね、ホンカン君、ほんとに良かったね」

ブチョーとホンカン、抱き合って泣く
桑森も涙ぐんでいる
しばらく泣いたあと、ブチョー、抱いている相手がホンカンだと気づき、突き飛ばして立ち上がる

ブチョー「[82]そこまでじゃ！」

81▼この出来事、感動をお金で買えるか!?　この感動こそプライスレスなんだ。

82▼ここまでのプレゼントークは教材販売のためのものではあるが、解説の主旨を理解すれば、たいていのプレゼンスキルたいていの商材に応用できるプレゼンスキルである。自分の商材に合わせて、オリジナルのプレゼンマニュアルを作成してくれ。

ホンカン「うぎゃー」
ブチョー「(脅すように) くわもりぃ」
桑　森「あ……」
ブチョー「てめぇー」
桑　森「な、何だよ……」
ブチョー「ついにやりやがったー! (桑森に飛んで抱きつく)」
桑　森「わ、わ、何だよ、おっさん! やめろよ!」
ブチョー「やりよったー! うっ、うっ (また泣く)」
ホンカン「良かったであります! ほんとに、ほんとに良かったでありま
す!」
ブチョー「おい、ホンカン! 酒じゃ。酒を持ってこい!」
ホンカン「酒を買うお金なんてないであります」
ブチョー「たわけ! こんな目出てぇ日に、酒がなくてどうする。その拳銃
でも質に入れて買ってこい!」
ホンカン「そんな無茶苦茶な」
ブチョー「桑森! 今日はおめえの二度目[83]の生まれた日じゃ! うぉー (泣

83▼執行草舟『生くる』 人間は二度生まれる。初めは動物として。二度目は人として。この本を読み終えたとき、あなたは間違いなくもう一度生まれる。

く）」

桑森「まいったな、こりゃ」

音楽、フェードイン[84]

舞台中央で抱き合っていた二人、やがて舞台に座り込み笑い出す

ホンカン、台の上でおいおい泣いている

照明、フェードアウト

音楽、盛り上がって

84▼桑田佳祐『悲しい気持ち just a man in love』 この曲は、当時営業終了の合図として営業部長が大音量でかけていた音楽。夜の十時過ぎ、この曲が流れるとラグビーのノーサイドのように敵も味方も、上司も部下も、優秀な社員もダメ社員も関係なくなり、よく夜の街へ繰り出して行ったもんだ。

第二幕　現在　SCENE3（幕前）

下手に桑森（現在）と柊が登場し、スポット

柊　「社長、ついに答えにたどり着いたんすね」
桑森「ああ、長い長いトンネルをやっと抜けた」
柊　「でも、自分、頭が悪いからよくわからないんすけど、どう考えればその答えにたどり着くんすか？」
桑森「ん？　どう考えたら[1]百万もする教材販売に、使命感が持てたのかっていうことか？」
柊　「そう、それがわかんないんすよ」
桑森「俺が気づいたのはな、人間は二種類しかいないってことだ」
柊　「男と女？」
桑森「そうじゃない」
柊　「あ、オカマがいるか。じゃあ、大人と子ども？」
桑森「違う」

1▼言葉にすると長い文章になる。しかし私はあの病院のベッドの上で、本当に一瞬にして答えにたどり着いた。言葉というよりは、一枚の絵が心に焼きついた感じだ。とても不思議な感覚だが、実際に起こったことなんだ。

柊　「むむ、大人でも子どもでもない、多感で傷つきやすい、盗んだバイクで走りだすような時期、確かにあるなあ。じゃあ、金持ちと貧乏人」

桑森　「そういうことじゃない」

柊　「右利きと左利き」

桑森　「だから……」

柊　「日本人と外国人」

桑森　「はあ？」

柊　「あ！　パクチーが好きな人と嫌いな人！」

桑森　「もういい」

柊　「じゃあ、これしかない！　普通の人間と、妖怪人間！」

桑森　「やめろ！　これは大喜利じゃない！　しかも、パクチーの方がまだ面白かった」

柊　「すんません」

桑森　「二種類の人間というのは、上がり目か、下がり目だ」

柊　「上がり目？　下がり目？　……にゃんこの目？」

桑森「……その目のことじゃない。お前俺をおちょくってんのか？」

柊「めっそうもない、自分は真剣ですよ！」

桑森「ならいいが。いいか、企業にも上がり目の企業と、下がり目の企業があるだろ？　株価を考えればわかるよな。でっかい企業だって、下がり目だったら、その株は買わないし、聞いたことのない小さな企業だって、どんどん株が上がってたら、その株は買いなんじゃないか？」

柊「ああ、その上がり目か！」

桑森「人間にも同じように、上がり目の人と下がり目の人に分かれるんだ。[2]同じ四十歳だって、人望があって仕事ができる上がり目の人もいれば、文句ばかり言って、みんなから疎まれてる下がり目の人だっている」

柊「確かに」

桑森「ヒイラギ、どんな人間が上がり目だと思う？」

柊「やっぱり、めちゃめちゃ金持ってる人とか？」

桑森「金を持ってるからといって、必ずしも上がり目とは限らんぞ」[3]

2▼上がり目の共通点は、魅力的であること。では、下がり目の共通点は何だと思う？

3▼大きな会社だからといって、必ずしも上がり目とは限らないのと同じ。

柊　「そうなんすか?」

桑森　「親の財産を受け継いだだけで、何の努力もしないで人としての魅力がない奴だっているし、孤独[4]で不幸せな大金持ちだっているだろうし、不正が発覚して、社会的信用を失う金持ちだっている。そんな人間の株は買わないだろ?」

柊　「そうか!」

桑森　「人としての上がり目の条件は、未来[5]に夢を描いて挑戦していることだ」

柊　「挑戦してる人か。確かに何かに挑戦してる人って、かっこいいっす」

桑森　「できそう[6]なことしかやらない人間や、何もやりもしないで自分の人生にシラケたり、いじけたりしてる奴には、魅力は感じないだろ?」

柊　「あと、臆病者や、妬んだり、意地の悪い奴もダメっすね」

桑森　「わかってきたじゃないか、ヒイラギ。誰だって子どもの頃は、大人になったら上がり目の人間になりたいと思うはずなのに、なぜ

4▼孤独な成功者はいるが、孤独な幸福者はいない。

5▼過去の栄光にしがみついている者は下がり目だな。

6▼絶対にドラマや映画や漫画の主人公にはいない。『新世紀エヴァンゲリオン』の碇シンジは、初めはそうだったかもしれないが、次第に変わっていっただろ?　じゃあ、のび太はって?　いや、のび太は主役じゃないから。

か二つに分かれていく。二つに分かれて、残念ながら多くの人が下がり目になっていく」

柊　「ほんとにそうっすね」

桑森　「生まれてきたときには、みんなピカピカの上がり目だったはずだ。シラケてる赤ん坊なんかいないだろ？」

柊　「うんうん。『びしょびしょに濡れてるけど、どうせ今日はオムツ替えてくれないんでしょ。別に替えてくれなくてもいいでばぶー』[7]なんていう赤ちゃんはいない！」

桑森　「困難なことがあってもあきらめる赤ん坊もいない」

柊　「『あーもう立ち上がるのやめた！　一生ハイハイでいいばぶー』っていう赤ちゃんもいないっす！」

桑森　「その通り。二本足で立ち上がるなんて、とてつもなく大変なことだぞ。何度も何度も転んだり、机の角で頭ぶつけたり、それでも立ち上がることをあきらめない。何度転んでもまた立とうとする。[8]それなのに大人になって人生の壁にぶつかって転ぶと、立ち上がれない人間がいる。あるいは、端《はな》からあきらめて困難から逃げる

7▼イクラちゃんなら言いそうだけど。

8▼「闘う君の唄を、闘わない奴等が笑うだろう」中島みゆき『ファイト！』の中の歌詞だ。立ち上がろうとするあなたを人は笑うだろう。揶揄され、冷やかされ、忠告すら受けるだろう。そのときあなたの前で、道が二つに分かれるのだ。

奴もいる」

柊　「うん、うん」

桑森「人生のある地点から下がり目に変わってしまうとしたら、それはいったいいつなんだ？」

柊　「それは……」

桑森「もちろん人によっては違うだろうが、多くの場合、人生を左右する最初の大きな壁は、大学受験じゃないか？」

柊　「なるほど」

桑森「たとえ偏差値が足りなくても、志望する大学に向けて努力して、壁を乗り越えていこうとする人間もいれば、簡単に志望校のレベルを下げて、今のレベルでも行けそうな大学を受験する人間もいる。あるいは、本当は行きたいくせに、どうせ行けるわけがないとあきらめて受験しない人間もいる」[9]

柊　「あちゃー」

桑森「俺自身そうだった。俺が通ってた低能高校じゃあ、誰一人大学受験をするなんていうことを言い出す奴はいなかった。みんな不良

9▼実力に見合わない大学を志望すると「受かるわけないから、志望校のレベルを下げなさい」と指導する大人がいる。努力して挑戦することよりも、失敗しないで合格させることの方が大事だとしたら、教育というものに志を持てるのか？

を気取って、人生から逃げていた。やりたいことに挑戦する人生じゃなく、やるべきことには目を背け、かと言ってやれそうなことすら探さず、俺たちは受験する人間たちとは別[10]の人種なんだと自嘲し、下がり目人生が始まったのは、間違いなく大学受験という壁を意識したときからだ」

柊　「自分もまさにそうっス。行きたい大学じゃなくて、自分の偏差値でもギリギリ行けそうなとこだけ受験したっス」

桑森　「俺は受験すらしなかった。そんなことが人生のターニングポイントになるなんて知る由もなかった。でも俺は気がついたんだ。あのとき命懸けでたどり着いた使命感とは」

柊　「使命感とは？」

桑森　「高校生の子どもたちが、俺と同じように、無意識に下がり目の人生を歩まないようにしてやることだ。教材が売れるか売れないかは二の次でいい。一度死にかけた命を、生まれて初めて自分以外の何かのために使ってみたくなった。本気で頑張ってる子どもはそれでいい。でも、受験をあきらめかけて逃げようとしている子

10▼そう思わない限りやっていられなかった。実は受験する人間も自分と同じ人間で、自分はただ困難から逃げている弱虫であることを受け入れられなかったんだ。

どもたち、その子たちに片っ端から会って人生にスイッチを入れてやる。教材の説明なんかは下手くそでもいい。その代わり本気の勉強の仕方を教えてやる。不思議なんだが、そんな答えが一瞬にして天から降って来た。言葉[11]ではなく、エネルギーの塊が、まるで雷のようにズドーンと俺の体の深い所に落っこちて来たんだ」

柊　「セールスというより、もう金八先生っすね！　面白そうだけど大変だあ」

桑森　「そうだ。学校の先生や友達や親でさえできなかったことをまったくの赤の他人がやろってんだ。簡単なわけがない。でも、やりがいがあるぞ。答えを見つけてから退院するまでの数日間は、あんなに現場に行くのが嫌だったことが嘘のように、もう現場に行きたくてうずうずしていた。俺の中から罪悪感[12]が完全に消滅したんだ」

柊　「そういうことか……」

桑森　「このメンタル[13]があって初めてスキルが活きてくるんだ。そうとは

11▼真理にたどり着くと、答えはすべてその中にある。トークの内容だけでなく、話し方も一瞬で変わる。何かが憑依したかのように。

12▼ブチョーという菌に触れ、私は腐敗ではなく発酵した。それは発光ともいえる。

13▼使命感を持ったセールスマンと、詐欺師まがいのセールスマンの違いはここにある。

知らずに、スキルセミナーばかり受けまくってる奴は残念ながらセミナーオタクになるだけだ」

柊　「セミナー渡り鳥！」

桑森　「セールスメンタルを身につけて、そしてスキルを磨く。メンタルという土台が崩れていたら、どんなにセールススキルという技術が素晴らしくても家は建たないだろ」

柊　「そうなのか！」

桑森　「それまで百万円が高いと感じていたのは、ただ物を売ろうとしていたからなんだ。本物のセールスとは、ただ物を売ったりすることじゃない。プレゼンテーション[14]という特殊なコミュニケーションを取ることによって、相手の価値観に影響を与えることなんだと気づいた。その結果として物が売れているだけ。俺は百万円で教材を売るんじゃない。百万円で、下がり目の人生を選択しようとしている子どもの人生のターニングポイントを切り替えてやる。下がり目の人生を上がり目に切り替えるのに、百万は高いと思うか？」

14▼心理学を応用したコミュニケーション。

柊森「いえ、安すぎるくらいっす」

桑森「俺[15]も心からそう思えた。そして俺は無敵になった」

柊森「自分も高校時代に、社長みたいな先生に出会えてたら、人生はきっと違っただろうな」

桑森「俺みたいに大学も出てない、何の資格もない人間がそれをやるチャンスがあるとすれば、それは教材販売をしているセールスマンだけだ。セ[16]ールスマンという仮面を被ることで、決して出会うはずのない人に出会うことができる。だからセールスマンは偉大な仕事なんだぞ」

柊森「確かにセールスが、人の価値観に影響を与えられるなんてこと、今まで考えたことがなかった」

桑森「価値観が変わるように導き、最終的には、本人が自力で答えにたどり着けるようにする。そのことを啓発、あるいはクロージングと言うんだ」

柊森「プ[17]レゼンって奥が深いっすね」

桑森「そうだな。もっともっと深いぞ」

15▼高額商材を販売するセールスマンは、ここにたどり着かなければ売れるようにはならない。頭で理解するだけでは不充分だ。腑に落とすことが大事だ。徹底的にセルフコミュニケーションを取るべし。

16▼「寅さん」という仮面を被り続けた渥美清さんは、プライベートでは人付き合いを避ける、孤独な性格だったという。仮面をつけるということは、人を欺くことではなく、使命を帯びたときのもう一つの自分の姿なのだ。

17▼セールスとは道である。たどり着くところは通過点であり、ゴールではない。

柊　森「自分、本気でセールスに取り組んでみたくなりました」

桑　森「ああ、セールスにはそれだけの価値がある。俺にとっては、大学で学ぶことよりも、何か資格を取ることよりも、セールス[18]を極めることの方が、価値があると思ってる」

柊　森「はい！　……ところで、あのあとブチョーとはどうなったんすか？」

桑　森「うん、それなんだが……それが本当に不思議なことに……」

柊　森「何かあったんすね！　何があったんすか⁉」

桑　森「うん」

音楽カットイン[19]

スポット、フェードアウト

18▼まさにこれからの時代、学歴よりも重要になってくる人間力。人間力なくしてセールスを極めることはできない。

19▼山口百恵『プレイバックPart 2』の「馬鹿にしないでよ」の歌詞直前のイントロからカットイン。山口百恵の美しさは、桜の花に似ている。散り際の潔さ。とても粋だった。セールスも引き際が肝心。保留になりそうなときは、未練たらしくするよりも、キッパリこちらから引いた方が粋だぜ。

第二幕　三十年前　第三場

照明、月明かりフェードイン
公園、第二場の後の深夜
音楽、フェードアウト
桑森（三十年前）とホンカン、一升瓶を飲み干していびきをかいて寝ている
ブチョーの姿が見えない

桑　森「ハックション！　ああ寒……」
ホンカン「(寝言) ひゃは、ひゃははは……どんどんいきましょう！」
桑　森「何だ、寝言か……うーん、しかしよく飲んだなあ。あー、まだ酔っ払ってる……あれ？　おっさんどこだ？　(キョロキョロ探すがいない) あれぇ？　……う、もよおしてきた！」

桑森、下手の隅に行って立ちションする

ブチョー、下手奥から出てくる
ブチョー、眼帯を外し、中折れ帽を被り、古い外套をまとい
片手にアンティークトランクを持っている

桑　森「あれ、おっさん！　何でえ、その格好？」
ブチョー「……（無視）」
桑　森「おっさん、おっさん！（おしっこをしながら、ブチョーの方を
振り向く）」
ブチョー「わ、わ、わ！」
桑　森「わ、わ、わ！」

逃げるブチョーを追いかける桑森

ブチョー「ばかぁー！」
桑　森「すまん、すまん」
ブチョー「手を拭け！　手を！」

桑　森　「あ、ああ。……ところで、おっさんどうしたんだよ、その格好は？
　　　　　まさか、ここを出てく気か？」
　　　　　　　神々しいBGM、フェードイン
　　　　　　照明、ファンタジー
ブチョー「桑森正春」[1]
桑　森　「な、何だよ。何か変だぜ？」
ブチョー「お前は、与えられた試練に対し、よく頑張った。そして見事に試
　　　　　練を乗り越えた」
桑　森　「おっさん、まだ酔っ払ってんだろ？」
ブチョー「いいか、よく聞きなさい。私のここでの役割は終わりました。こ
　　　　　れからは、桑森正春、お前は自分でセールスの道を極めていくの
　　　　　です」
桑　森　「おいおい、どうしちまったんだよ、おっさん？」
ブチョー「セールスを極める道は決して無難な道ではなく、棘の上を歩くが

1▼突然人格が変わったように。

如く険しい道ではあるが、お前の魂がセールスの神に忠実であるならば、お前こそがセールスの真理にたどり着ける選ばれし者なのです」

桑　森　「は？　何言ってんだ？　俺は夢見てんのか？　そうか、夢か。夢だこりゃ」

ブチョー「今世界は、不安と怒りに満ち溢れている。桑森正春よ、お前は、セールスを極めたマスター・セールスマンとなり、そして世の迷えるセールスマンを救いなさい。迷えるセールスマンに知恵と勇気を与え、本物のセールスマンシップに目覚めさせなさい！」

桑　森　「はあぁ、面白れぇ夢だなあ」

ブチョー「さらばじゃ！」[2]

桑　森　「え⁉」

ブチョー、上手の方に去ろうとする

桑森、慌ててブチョーの外套を後ろから捕まえる

2▼「さよならを言うのは、少しだけ死ぬことだ」レイモンド・チャンドラー『長いお別れ』の名台詞。ハードボイルドというジャンルを築いた偉大な作品。いい小説には、忘れられない、いい言葉がある。

桑　森「ちょっ、ちょっと待って」
ブチョー「離しなさい」
桑　森「どこ行くんだよ！　嘘だろ?」
ブチョー「離しなさい！」
桑　森「離すもんか」
ブチョー「離すんじゃゃ！」
桑　森「いやだー！」

ブチョーが上手に去ろうとするのを、桑森が後ろから羽交い絞めにする
ドライアイスが、舞台の床を這うように流れてくる

ホンカン「んー、どうすた?　どうすた?　ヒック……酒が足りんぞ！
ヒック……」

ホンカン、寝ぼけながら目が覚める

桑　森　「お巡りさん！　おっさんが、どっか行っちまうよぉ！」
ホンカン「なぬ？　ホンカンを置いてどこかに行こうなんて、ヒック……それは許せん！　タイホだタイホ！」

ホンカン、拳銃を取り出す

ホンカン「動くんでねえぞ！　ヒック……今タイホすてやる、ヒック……（千鳥足）」
桑　森　「わ！　やめろ！　危ねえ！」
ホンカン「言うこと聞かねえと……（銃を構える）」
桑　森　「バカ！　撃つな！」
ホンカン「ああっ！」

ホンカン、よろけた拍子に銃声が鳴る

桑　森　「ぎゃー」

桑森、銃声に驚き、手を放して尻餅をつく
ブチョー、ホンカンに背を向けたまま、左手で発射された弾丸をつかんでいる
ホンカン、銃を構えたまま、よろよろと腰が砕けて地べたに座り込む
ブチョー、ゆっくり手を開くと[3]、弾丸が地面に落ちる

桑　森　「え……」
ホンカン「あわわわ……」

ブチョー、左手を高らかに天に向かって上げると、ホンカンの手から拳銃が離れ、宙に舞い上がり、ブチョーの手に渡る

ホンカン「ああ！」

3▼舞台本番では、手汗が酷くて弾がくっついて落ちない、なんてことが起こる。役者には常にアドリブが要求される。セールスマンもまた同じ。予定通りに運ばないのがセールスの現場だ。

ブチョー、拳銃を外套のポケットにしまい、ゆっくりと歩き出す
足元が見えないくらい、ドライアイスの煙が床に充満している

桑　森「あっ、ダメだ！　行かないでくれ！」

桑森、ブチョーに後ろから飛びかかる
しばらく揉み合った末、ブチョーがトランクを落としてしまい、桑森がコートを剥がしてしまう
神々しいＢＧＭに代わり、衝撃的な音楽
照明、人物にだけスポットが当たり、暗転

桑森、ホンカン「あ!!　……」

　コートを剥がされ、あらわになったブチョーの[4]背中のこぶの正体は！

桑森「は、羽！　天使の羽……!!」

　ブチョーの背中に、鷲のような立派な美しい翼

　ブチョー、姿勢がまっすぐ伸びて、ゆっくりと桑森の方を振り返る

桑森「おっさん……あんた……天使⁉」

　ブチョー、首をゆっくり横に振る

桑森「[5]天使じゃない……じゃあ、非天使？」

　ブチョー、首をゆっくり横に振る

4▼リヒャルト・レアンダーの『小さなせむしの少女』という素晴らしい童話が、現在絶版になっている。理由は「せむし」という言葉が差別的表現であるからだ。この物語の本質が「差別はいけない」ということなのに、こんなバカバカしいことはない。子どもたちには「かわいい」「楽しい」だけのくだらない絵本より、『小さなせむしの少女』の感動を味わってもらいたい。児童文学から闇を排除してはならない。なお、ブチョーのこのシーンは、『小さなせむしの少女』に影響を受けたものだ。パクリではない。オマージュだ。

5▼映画『俺たちは天使じゃない』　ハンフリー・ボガート主演のコメディ映画。後に、デ・ニーロとショーン・ペンでリメイクされているぞ。しかしデ・ニーロのコメディ映画の傑作と言えば『ミッドナイト・ラン』だな。デ・ニーロ自身が最高傑

桑　森「じゃあ……堕天使？」

ブチョー、少し早く首を振る

桑　森「わかった！　ペ・天使？　ペテン師！」

ブチョー「たわけ！　神じゃ！　どう見ても神じゃろ！　セールスの神じゃ！」

桑　森「[6]オーマイゴッド！」

ブチョー「もう、行かなくては。後は頼んだぞ、桑森正春」

ブチョー、しばらく桑森を見つめた後、ゆっくりと上手に向き直り歩き始める

ブチョー、途中でトランクを拾い、ゆっくりと上手の冷蔵庫に近づく

冷蔵庫のドアがひとりでに開き、内側から光が漏れる

作だと言ってるだけあって、めちゃくちゃ面白い。

6▼岡根芳樹著『オーマイ・ゴッドファーザー』という教育書をもう読んだかい？　実話に基づいた、岡根芳樹の実の親父である徹和のでたらめな教育が、痛快で笑えて考えさせられて、そして腑に落ちる一冊だ！

音楽、讃美歌フェードイン
冷蔵庫の中にトランクを放り込む
続いてブチョーが冷蔵庫に入ろうとするが、羽[7]が邪魔でなかなか入れない

桑　森「飛ぶんじゃないの⁉」
ブチョー「すまん、羽を……」
桑　森「あ、ああ！」

桑森、ブチョーが冷蔵庫に入りやすくなるように、羽を畳んで抑えてやる
ブチョー、静かに冷蔵庫の中に消える

ブチョーの声「桑森正春よ、セールスの魂を、セールスの使命をお前に委ねる！」

7▼ドジで馬鹿。でも、そこが好きなんだな。

冷蔵庫のドアがゆっくり閉まる
ドアが閉まるとともに、漏れていた光が消え、音楽がカットアウトし、静寂が訪れる

桑　森　「……冗談だろ?」
ホンカン「ホギャ★◎♯♪……」

ホンカン、気絶して倒れる
暗転
音楽[8]、讃美歌と入れ替わるようにカットイン

8▼大瀧詠一『夢で逢えたら』鈴木雅之（ラッツ&スター）のカバーのもいいんだよな。

第二幕　三十年前　第四場

照明フェードイン
公園、翌朝、雀の鳴き声
音楽、フェードアウト

桑　森　「ハックション![1]　ああ寒……」

ホンカン　「(寝言) ひゃは、ひゃははは……どんどんいきましょう!」

桑　森　「何だ寝言か……うーん、しかしよく飲んだなあ。あー、まだ酔っ払ってる……しっかし変な夢見たなあ。おっさんが神様だなんて、ははは……う、もよおしてきた!」

桑森、下手の隅に行って立ちションする
ホンカン、目が覚めて、突然大騒ぎする

1▼先のシーンのデジャヴのように。

ホンカン「ぎゃー！　あわわわ……大変だあー！」
桑　森「ど、ど、どうした⁉」
ホンカン「あわわわ……た、大変なことをすてすまったであります」
桑　森「どうしたんだよ！　寝小便か？」
ホンカン「け、け、け……」
桑　森「毛じらみか？」
ホンカン「拳銃が盗まれたであります！」
桑　森「えー！　拳銃⁉　やべえじゃん。どーすんの？　それ、署にばれたらどうなんの？」
ホンカン「どうもこうも、戒告処分。下手すれば懲戒免職であります！」
桑　森「クビ⁉」
ホンカン「あわわわ……ない……ない……ない、ない、ない！　どこにもないであります！」
桑　森「お巡りさん、慌てるな。どっかで落としたんじゃないか？　そうだ、交番に届いてるかもよ」
ホンカン「ホンカンがここにいるのに？」

桑　森　「あ、そっか」

ホンカン「悪い奴に盗まれて、犯罪にでもなったとすたら……懲戒免職どころじゃなく、牢獄行きだ！　……あー、もうホンカンは終わりであります。[2]くぅー、こんなとこで野宿すてすまったばかりに……」

桑　森　「そう悪く考えないで、もしかしたらいい人が盗んだのかもよ」

ホンカン「いい人が盗みますか⁉　盗むのは悪い人！」

桑　森　「なるほど」

ホンカン「師匠は、師匠はどこにいるでありますか？」

桑　森　「おっさん？　そういえばおっさんどこ行った？」

ホンカン「まさかとは思うですが……」

桑　森　「どうした？」

ホンカン「ええ……ゆんべ、あれから師匠が、酒をどこからか持ってきたじゃねえですか」

桑　森　「ああ、拾ったって言ってたな」

ホンカン「ちょっとおかすうと思いませんか？　[3]まっさらな一升瓶がそんな

2▼後悔してないで、とっとと何をすべきか考えた方がいいね。

3▼たとえ落ちていたとしても、それを飲んじまったらダメでしょ。

都合よく落っこちとりますか？」

桑　森「まあ、そう言われれば……」

ホンカン「その前に、師匠が、拳銃質に入れて酒買ってこいっつったの、覚えてますか？」

桑　森「ああ、でもあれは冗談でしょ」

ホンカン「果たすて、そうでしょうか？　こんなことは考えたくねえすが、もすかして、ホンカンの目を盗んで……」

桑　森「まさか」

ホンカン「あー、だとすたら、ホンカンは師匠をタイホせねば……いんや、そんなことはできねえ。でも、こりはホンカンの使命であるからして……あー、どうすたらいいんだべ⁉」

桑　森「だから、おっさんがそんなことするわけがねえだろ」

ホンカン「じゃあ、どうすてホンカンの拳銃がなくなって、代わりに酒があるんでありますか？」

桑　森「うっ、まいったな……おっさーん、どこだ？　おっさーん」

ホンカン「桑森しゃん、ゆんべ不吉な夢[4]を見たであります」

4▼夏目漱石の『夢十夜』という短編小説が面白い。「こんな夢を見た」で始まる十篇の物語で、とても素敵なファンタジーなのだ。第一話で心をつかまれ、第六話でノックアウトされた。凡人の私には、『坊ちゃん』を読んでも『こころ』を読んでも、その凄さがピンと来なかったが、『夢十夜』で漱石の文豪としての偉大さを感じさせられた。

桑　森「不吉な夢？」
ホンカン「はい。師匠が、消えていなくなる夢」
桑　森「へえ……え？」
ホンカン「それが、師匠の背中から羽が生えてて、まるで、天使《てんす》[5]か神様みたいな……」
桑　森「うそ！　それ、俺も見た！」
ホンカン「えっ！　桑森しゃんも？」
桑　森「じゃあ、まさか、最後はあの冷蔵庫の中に？」
ホンカン「そう、そう、そうであります。冷蔵庫の中に消えてったであります！　……桑森しゃんも見たってことは、あれは夢じゃなかったた……」
桑　森「いやいやいや、そんな馬鹿な。ただの偶然だよ」
ホンカン「偶然同ず夢を見るですか？」[6]
桑　森「じゃあ、おっさんが神様だって言うのか？　あほらし。夢だよ夢。双子とか、同じ夢よく見るって言うじゃない」
ホンカン「でも、ホンカンと桑森しゃんは双子でねえし、そういえば、あん

5▼天使が登場する映画はたくさんある。『ベルリン天使の詩』『天国から来たチャンピオン』『ジョー・ブラックをよろしく』中でも不朽の名作は『素晴らしき哉、人生！』　これを観ずして生きるべからず。

6▼眠っているときに同じ夢を見るのは不思議なことだけど、恋人や夫婦なら、目が覚めているときには同じ夢を見ていたいね。

とき確か拳銃が、魔法みたいに空を飛んで……」

桑森、ホンカン、拳銃をあちこち探すが見つからない

やがて桑森、舞台中央に落ちている外套に気がつく

桑　森　「あ！　……これは、おっさんのコート……うそ！　え？　……じゃあ、夢だと思ってたあれは……」

桑森、冷蔵庫のほうに振り返り

桑　森　「嘘だろ？」

桑森、恐る恐る冷蔵庫に近づく

桑　森　「[7]おい……そこにいるのか？　……いるんだろ？　……わかってるぞ！　……開けるぞ！　いいな、おどかすなよ」

7▼子どもの頃ドラキュラが怖くて、夜中にトイレに行くときに同じようなことを言っていたな。子どもの信じる力はすごい。でも、どうせ架空の存在を信じるならドラキュラじゃなくサンタの方がよかった。残念ながらサンタを信じた経験が一度もない。なぜならサンタは、貧乏な我が家には一度もやって来なかったからだ。

ホンカン「何すてるですか?」
桑　森「えい!」

桑森、思い切ってドアを開ける
中は、空っぽのただの冷蔵庫

桑　森「だよな……うん、夢だ夢」

桑森、ドアをバタンと閉める
外套を持って舞台下手の方に歩くが、途中で外套が変に重たいことに気づく
ポケットに何か入っているのかと探ると、拳銃が出てきた

桑　森「わ!　……け、拳銃だ!」
ホンカン「ええっ!　何ですと!　見せて、見せて!」

ホンカン、桑森から奪い取るように拳銃を手にすると、シリアルナンバーを調べる

ホンカン「うわ！　こりは、ホンカンのに間違いありません！　これ、どうすたんですか桑森しゃん？」

桑森「おっさんのコートのポケットに入ってた」[8]

ホンカン「や、やっぱりあれは夢なんかじゃなかったでありますよ！」

桑森「いやいやいやいや、お巡りさんが酔っ払って落っことしちまったのを、拾ってくれただけかもしんないぜ」

ホンカン「でも、何でコートのポケットに入ってたですか？　拾ったんならホンカンに返すてくれればいいんでねえですか？」

桑森「いや、だからそれはその……」

ホンカン「桑森しゃん、間違いねえ。あん人《すと》は、神様だ。セールスの神様に[9]違いねえ」

桑森「マジで言ってんのか？　そんなわけないだろ。さっきまでドロボー扱いしてたくせに、今度は神様？」

8▼寺山修司著『ポケットに名言を』　古今東西の文学、哲学、歴史上の人物や映画から歌謡曲の歌詞に至るまであらゆるジャンルから切り取り集められた言葉は、子どもの宝箱に集められたガラクタのように愛おしく輝いている。寺山修司曰く「名言などは、所詮、シャツでも着るように軽く着こなしては脱ぎ捨ててゆくものだ」

9▼サッカーの神様はペレ、学問の神様は菅原道真、マンガの神様は手塚治虫。じゃあセールスの神様は誰？

ホンカン「いや、間違いねえ。だいたい初めからおかすうと思ってたでありま
す。あんなセールスの天才が、何でホームレスなんかすとるのかって。でも、神様だったならわかるであります」
桑森「全然わかんねえよ。何で神様がホームレスなんだよ。おっさんはきっと、何か犯罪でも犯してて、逃げ回ってんじゃねえか？　お巡りさんがさっき言ってた通り、拳銃盗もうとしたけど、怖くなってそんで、また黙って姿をくらませちまったんだ」
ホンカン「桑森しゃん、あんたはわかってねえ。全然わかってねえですよ」[10]
桑森「どういう意味だ！」
ホンカン「あー!!」
桑森「今度は何だ？　警察手帳でも盗まれたか？」
ホンカン「拳銃の弾が一発なくなってるであります。こりはゆんべホンカンが暴発させてすまった一発でありますよ。あー、こりは確実に始末書だべなあ……でも、こりが動かぬ証拠。やっぱりゆんべの夢の通りでありますよ！」
桑森「そんな……。（腕時計を見て）あ、やべえ！　もうこんな時間か、

10▼今ならようやくその意味がわかるよ。生きてる次元のことを言ってたんだね。

今日からまた出社するんだった」

ホンカン「え！　ホントだ。もうこんな時間。師匠のことは気になるですが、ホンカンも交番に戻らねば。しかし桑森しゃん、こんなに休んで、よくクビにならないでありますね」

桑　森「まあ、それがフルコミのいいところさ！　さーて、バカバカしい夢の話はあとにして、じゃあ復帰記念で一発契約を決めてくるか！」

ホンカン「桑森しゃん、昨日の調子《ちょうす》でやれば、今日は絶対に決まりますよ！」

桑　森「ああ、今日こそ初契約決めてやる！　きっとおっさんも、夜にはひょっこり帰ってくるんじゃねえか。今夜は、ビールかけだぞ！　じゃあ、お巡りさん、またな」

桑森、下手に去る

音楽[11]、フェードイン

ホンカン「（独白[12]）いや、もう師匠に会うことはねえであります。ホンカン

11▼中島みゆき『時代』どんなに時代が変わろうとも、引き継がれる思いがあるならば、それを神の意志だと呼んでもいいだろう。

12▼独り言の台詞。言葉の色は白。独白、告白、白状。

にはわかるですよ。……それにすても師匠、最後のお別れくらい言いたかったであります。どうすて、黙って行っちゃったですか！　神様なんですから、[13]最後に一言何か言って欲すかったであります……（拳銃を取り出して眺める）こりを返すてくれたっつうことが、[14]最後のメッセージっつうことだべなあ……ありゃ？（銃身の中に何か詰まっているのを見つける）何か詰まってる……（銃身から布のようなものを引き出す）ん？……ん？（パーティー用の紐つきの小さな三角の飾りがいくつも出てきて、引っこ抜くと、最後に大きめのハンカチがくっついていた）何だこりゃ？　何か書いてある……『ホンカン君、[15]子どもたちの未来とホームレスを守るのだ』……。

そうですか、これが……これが最後のメッセージなんですね。師匠、了解であります！　ホンカンは、命を懸けて子どもたちの未来を守るであります！　それからホームレスも！　ん？　ま、いっか」

13▼どんなに問いかけても神は沈黙のままだった。遠藤周作がたどり着いた「神の沈黙」の答えとは⁉　信仰とはいったい何なのか？　隠れキリシタンが抱える矛盾と苦悩を描いた『沈黙』は、覚悟を持って読むべし。

14▼とうの昔に死んだ亭主から届く手紙。まるで天国から届いた最後のラブレター。これは、お人好しでお節介な少女、アメリの仕業。しかし信じられれば、嘘も本当になる。

空想といたずらが大好きだけど、自分の恋には奥手で心に闇を抱えたアメリが他人を幸せにするために奮闘するフランス映画『アメリ』

15▼「子どもたちの未来を守る」それはすべての大人たちの使命だ。かつての我々の祖先がそうであったように。

ホンカン、空を見上げて、凛とした表情で敬礼

ホンカン「師匠――」

照明、フェードアウト
ホンカン、空に向かって敬礼をしたまま
音楽、盛り上がって弾けるように消える

第二幕　現在　SCENE4　（幕前）

下手に桑森（現在）と柊登場
二人にスポット

柊　「マジすか!?」

桑森　「信[1]じられないだろうが、本当の話だ」

柊　「結局、そのブチョーってのは、本当にセールスの神様だったんですか？」

桑森　「さあな、今となっちゃ真実は藪の中だ」

柊　「その後、ブチョーとは？」

桑森　「二度と会うことはなかった」

柊　「そうなんすか……」

桑森　「でもな、嘘[2]だろうが本当だろうが、どっちだっていいんだ。俺にとっては、ブチョーは本当のセールスを教えてくれた神様だ」

柊　「はい」

1▼一方、世間には信じられないような、本当のような、胡散臭い話も溢れてる。気をつけろ！

2▼真実なんかどうだっていい。そのことで生まれた結果を幸せにすることの方が大事なんだ。伊坂幸太郎の短編『ポテチ』を読んでそう思った。病院で取り違えられて、本当じゃない親に育てられた青年の、優しすぎる苦悩を描いた物語。

桑森「そのあと俺は徹底的に人の心理を研究した。ちょうどその時期に、同じ年頃の岡野[3]という借金まみれの男が入社してきてな、二人でアパートに同居して、毎晩プレゼンスキルを少しずつ構築していったんだ」

柊「へぇえ」

桑森「たまたま岡野は劇団を主宰していて、その劇団で作った借金[4]を闇金に借りてしまって、にっちもさっちもいかなくなってセールスの世界に入ってきたんだが、それが、つまりあいつが演劇をやってたことが結果的に功を奏したんだ。なぜだかわかるか？」

柊「演劇とセールス？　いや、わかんないっす」

桑森「プレゼンテーションの極意は、心理学だけではダメなんだ。心理学に基づいた素晴らしい台本ができたとしても、客は台本に金を払うわけじゃないだろ？」

柊「そっか、役者の演技力が必要なんすね？」

桑森「そうだ。心理学[5]を応用したトークが縦軸だとすれば、相手の心に響かせる表現力は横軸だ」

3▼岡野とは二年半同じアパートで暮らした。夢中でセールスの腕を磨き合った。シラケてる暇なんかなかった。馬鹿みたいに気が合う奴だった。たった二年半なのに、百年くらいに感じる濃い時間だったな。

4▼詳しくは、岡根芳樹『LIFE IS BEAUTIFUL』を読め！　失敗だらけの人生は、ドラマが溢れている。

5▼心理学と表現力、両方身につけてマスターになる。表現力しかないのは役者で、芝居は上手くても実際のセールスはできない。心理学は身につけていても表現力がなければ、勉強のための偉そうな先生か学者になるしかない。心理学も表現力もないセールスマンはデクノボーと呼ばれる。

柊　「芝居ならそれはわかるけど、セールスにも表現力が必要なんすか？」

桑森「必要があるなんてもんじゃない。セールスだけじゃなく、コミュニケーション自体、表現力が大事なんだ。音楽に例えれば、台詞は歌詞で、表現力はメロディだ。ヒイラギ、お前は歌詞を朗読するだけのコンサートに行くか？」

柊　「行かないっす」

桑森「逆に歌詞がわからなくても、レディー・ガガとかジャスティン・ビーバーとか、洋楽のコンサートには行くだろ？」[6]

柊　「え！　ジャスティン日本に来てるんすか⁉　自分、行きたいっす！」

桑森「例えばだよ！　な？　言葉がわからなくたって、メロディが魅力的ならコンサート会場は満員だ」

柊　「なるほど」

桑森「プレゼンにおいてのメロディとは、表現力のことだ。人間は、言葉だけではなく、瞬時に相手の表情やしぐさや言い方などを総合

6▼ビートルズのレコードは全部持ってるけど、高校生の頃歌詞は「昨日は……」しかわからなかった。

的に判断してるんだ。しかも言葉よりも圧倒的に表情やしぐさや言い方、つまり表現力の方が相手に強い印象を与えるんだ[7]

柊　「それは言いすぎでしょ」

桑森　「じゃあ、ヒイラギ。お前彼女がめちゃめちゃ怒った口調で『あなた、怒ってないからほんとのこと言って』って言われて、本当のこと言えるか？」[8]

柊　「いやいや、絶対に言わないっす」

桑森　「何でだ？　怒ってないって言ってるんだから、いいじゃないか」

柊　「だって、すげー怒ってるじゃないすか。そんな言葉信じないっすよ」

桑森　「そうだろ？　言葉よりも、言い方の方を信じるだろ？」

柊　「ホントだ！」

桑森　「だからどんないい方で話すのかっていうことは、非常に大事で、研究する価値があったんだ。でも世の中のセールスマンは、何を言えば契約が決まるのかっていう台詞ばかり夢中になって、表現力にはまったく興味を持ってない。逆に言えば、それが他のセー[9]

7▼メラビアンの法則。コミュニケーションにおいて表情やしぐさなど視覚情報が55％、声のトーンや言い方など聴覚情報が38％で、言葉そのものによる言語情報はたったの7％しか影響を与えない。

8▼仮に優しい口調で「ほんとのこと言って」と言われても、決して言ってはいけない。クワモリンの法則として覚えておくように。

9▼特に多いのは、反論に対してだ。「お金がないって言われたら、何て言えばいいんですか？」「家族に聞かないと決められないって言われたら？」「必要になったらまた連絡しますって言われたら？」……その一つひとつの答えを聞くよりも、どんな反論にも応えられる心理学の方程式を身につけた方がよくないか？

ルスマンと差別化を図るチャンスだ」

柊　「そんで、社長はついにプレゼンスキルを極めたんすね！」

桑森　「極めたっていうのは、大袈裟だが、確かにそのあと死に物狂いでスキルを磨き、[10]繰り返し繰り返し反復をして、スキルを身につけトップセールスになった。それからもっと難しいと思うセールスにチャレンジした。今では法律で禁止されている、キャッチセールスや、飛び込みセールスもやった。そしてどのセールスにおいてもトップを獲った。トップを獲ったら、次のステージに行く。そしてまたトップを目指す。その繰り返しだ」

柊　「ええ、その話は有名っす。次々に記録を塗り替えてゆき、そんで、ついた社長のあだ名は、セールス界のイチロー。最終的に社長は、世界中に販売代理店がある能力開発の教材販売で、ついに世界一になるんすね」

桑森　「そうだ。[11]照れずに言えば、個人でも、マネージャーでも、オーナーとしても、その三部門ですべて世界一になった。世界は広いが、その記録は未だに破られていない」

10▼能力を身につけたければ、繰り返し反復以外に方法はないのだ。一瞬で「できる」ようになることはあるか？　ない。断言できる。人間は、わかっていてもできない生き物なんだ。だからこの台本も、繰り返し反復して声に出して読め！　それが面倒なら教材を買え！

11▼あ、嫌味に聞こえたらごめんね。（ニヤリ）

柊　「世界一って、ハンパないっすね。やっぱ社長は天才っす！」
桑森「バカ野郎！　話を聞いてなかったのか！　天才ってのは、何の努力もしなくてもできる奴のことだ。イチロー選手だって俺だって、どれだけ必死に努力してきたかわかりもしねえのに、簡単に天才なんて言うな！」
柊　「す、すんません！　自分そんなつもりじゃ……」
桑森「いいか、この世に天才なんかいない。みんなお前と同じ普通の人間だ。できる奴を見て『天才』と呼ぶのは、自分とは違う人種だからしょうがない、と端《はな》からあきらめて挑戦しない自分に言い訳してるんだ。だから天才なんて言葉は使うな。めちゃくちゃ頑張ってる奴と言うんだ」[12]
柊　「社長、今の言葉、胸に刻みました」[13]
桑森「それでいい」
柊　「でも社長は、何でそんなに頑張れたんすか？」
桑森「ああ、俺は約束したんだ。どんな困難があったとしても必ず世界一になるってな」

12▼なぜだ。人は困難に直面すると、できるための方法を考えるよりも、やらずに済む言い訳ばかり考える。今や世界的な指揮者である小澤征爾を知っているか？　彼の人生は、決して順風満帆だったわけではない。若くして才能を開花させた彼は、かつて感情の軋轢によって日本トップクラスの楽団、N響に公演をボイコットされ、ダメージを受けたことがあるという。彼は挫折するどころか、日本で認めてくれないのならと世界に飛び出して今日の成功を収めたのだ。もちろん世界の壁は高く、日本の比ではなかったはずだ。そんな彼もまた、天才ではない。
13▼パソコンなんかいらない。感動の映像は瞼に焼きつけ、言葉は胸に刻み込め！

柊「ブチョーと?」
桑森「いや」
柊「じゃあ、その岡野さんとやらと?」
桑森「そうじゃない」
柊「じゃあ、スナックのママと?」
桑森「いや、もう面白いことは言わなくていい」
柊「そうっすね。じゃあ何に誓ったんすか?」
桑森「セールスマンシップに誓ったのさ」
柊「セールスマンシップに!　……じゃあ、約束を果たすしかないっすね」
桑森「そうだ。この世にセールスマンシップがある限り、俺はあきらめるわけにはいかない。そう自分に言い続けてついに世界一という夢を叶えた。しかし世界一になって気づいたんだ」
柊「何に気づいたんすか?」
桑森「本当の俺の使命さ」
柊「本当の社長の使命って?」[14]

14▼本人の成長とともに、使命や志も成長していく。だから始まりは「飯を食うため」だっていいんだ。そこから這い上がってこい。

桑森「この世界一のセールススキルを、世の中の苦しんでいるセールスマンたちに伝えること。本物のセールスマンシップを身につけたセールスマンを育てることだ。俺の人生の再出発地点だったこの会社の社長が、ちょうど引退をすることになって、自分の後を継いでくれないかと相談され、俺はこの古巣に戻ることを決めた。ほとんど潰れかかってたこの会社の社員たちを育てながら、誰[15]もが身につけられる教育システムを完成させるにはまたとないチャンスだった」

柊「そうだったんすか。いや、社長みたいなすげえ人が何でこんな小さなとこにいるのか不思議だったんすよね」

桑森「『こんな小さなとこ』は、余計だろ！」

柊「いやあ、まあ、実際小さいっすから。それで教育システムは完成したんすね？」

桑森「ああ、やっと完成した。お前の先輩たちで実践中だ」

柊「じゃあ、次は？」

桑森「次か、次[16]はもう決めてある」

15▼誰もが身につけられなければ、ノウハウじゃない。特別なセンスや資格はいらないんだ。やる気さえあれば誰だってセールススキルは身につけられる。

16▼未来は、自分が描いた内側にしかない。「少年よ、大志を抱け」夢はでかい方がいいぞ！未来に向かって夢を語れ！

柊「何すか？」
桑森「いや、まずは、お前を一人前に鍛えないとな」
柊「何すか？　もったいぶらないで教えてくださいよ、社長！」
桑森「もったいぶってるわけじゃないぞ。お前の初セールスが決まったら教えてやる」
柊「よし、じゃあ自分、頑張るっす！」
桑森「おぉ！　言ったな」
柊「頑張って早く自分が独り立ち[17]しないと、社長の使命が果たせないすからね」
桑森「生意気なこと言ってんじゃねえよ。じゃあ今日は早く帰って寝るんだな。明日からビシビシ鍛えてやる。覚悟しとけよ！」
柊「はい！　望むところっす。じゃあ、自分帰ります。社長はまだ帰らないんすか？　もう終電なくなりますよ」
桑森「ああ、ちょっと寄りたいとこがあってな」
柊「え！　これっすか？　（小指を立てて）」
桑森「バカ野郎！　そんなんじゃねえよ」

17▼独り立ちできた、と思えたのはいつだろう。田舎の家を出たときか、借金を返済したときか、それとも結婚したときか。きっと誰のせいにもしなくなったときだろう。

柊　「いひひ、わかりました。じゃあ、お先に失礼します！」
桑森「ああ、お疲れ！」

　　柊、下手に消えるが、またひょいと現れる

柊　「自分、絶対頑張ります！　絶対一番になるっす！」
桑森「わかった、わかった。ほら、終電なくなるぞ！」
柊　「やべえ！　（下手に消えて、声だけ）絶対一番になりまーす！」[18]
桑森「ふふ……バカ野郎」

　　桑森、上手の方の遠くをしばらく見つめて、踵を返して下手に去る
　　スポット、カットアウト
　　音楽[19]、フェードイン

18▼口だけ達者な奴がいるが、ある意味セールスマンは、口が達者でなくちゃね。

19▼RCサクセション『スローバラード』この曲は、岡野のぼろアパートで一番よく聞いた曲だ。とてつもなくおんぼろのアパートで、「どくだみ荘」と呼んでたな。清志郎は死んじまったけど、清志郎の言葉は、思いは、魂は、曲の中で永遠に生きてるんだな。

第二幕　現在×三十年前　最終SCENE

夜中の公園
照明、フェードイン
桑森（現在）下手から登場、公園をぶらぶらしながら懐かしそうに眺めている
音楽、フェードアウト

桑森　「何年振りかなあ……それにしても、まだこの公園あったんだ。まるで昔のままだな。ふふ、ひょっこりおっさんが現れそうだ。（空を見上げて）うわあ、今夜は何ていう星空だ。東京にもこんな星空があるんだな……おお！　（冷蔵庫を見つけて）嘘だろ？　この冷蔵庫、まだあったのか！　へええー、懐かしいなぁ。まるでタイムスリップしたみたいだ」

桑森、冷蔵庫を開けたり閉めたりしていると、上手から声が

聞こえてくる

桑　森（三十年前）の声「おーい、おっさーん！」
桑　森「んん！　おっさん？　何だ、何だ？　おっさんがいるのか？」
桑　森（三十年前）の声「おっさーん！　やったぞ！　おっさーん！」
桑　森「え？　何？　あ、こっち来る！」

桑森、なぜか慌ててベンチの下に隠れる
桑森[1]（三十年前）上手から走って現れる

桑　森（三十年前）「おっさん！　あれ？　おっさん？　……いないのか？　おっさーん！　……。やっぱ、ほんとに行っちまったのかよ……待てよ（冷蔵庫に近寄って）ここだろ！（開けるが、もちろん誰もいない）だよな」
桑　森「何で俺、隠れてんだ？」
桑　森（三十年前）「おっさーん、お巡りさーん。みんなどこ行っちまった

1▼二人の桑森が登場する。三十年前の桑森とは、柊の役を演じる役者ということだ。前のシーンでの社長と柊が、現在の桑森と三十年前の桑森にスライドした形。この配役もすべてに意味がある。

んだ」

下手ベンチの下に隠れている桑森、ガタッと音を立ててしまう

桑森（三十年前）「ん？　……なんだ、そこにいるじゃねえか！　おっさん、何隠れてんだよ。（現在の桑森を引きずり出す）[2]見てくれ、ついに、ジャーン！　初契約取れたぜ！」[3]

桑森「ちょ、ちょっと君！」

桑森（三十年前）「おっさん、何だよ。喜んでくれよ。ほら、契約取れたんだぜ！」

桑森「いや、だから私は……」

桑森（三十年前）「ん？　あれ？　おっさん何だよその格好、[4]どうしちゃったの？　あれ、なんか若返ってない？　……かつら？（髪の毛を引っ張る）じゃねえ！」

2▼「三十年前　第一場」のシーンと同じ形で引き出す。
3▼初契約のことは今でも覚えている。初めてというのは何でも特別だ。初恋、初めての一人暮らし、初めての海外旅行。しかし日々の生活はマンネリ化していないか？　だったらこう考えてみたらいい。今日という日は、人生で初めての日。人生三万日の中のたった一回しか訪れない最初で最後の貴重な一日なんだぜ。
4▼あきらかにホームレスのブチョーとは違うビシッと決まったスーツ姿。

桑森「いてて、私はおっさんじゃない！」

桑森(三十年前)「うわ！　誰だ！　あんた？　昨日拳銃盗んだ犯人か？」

桑森「違う、違う。私は……桑森という者だ」

桑森(三十年前)「ええ⁉　桑森？　……俺も桑森っていうんだぜ。親戚の人？　ますます怪しい……へええ、それにしてもあんた、おっさんに似てるなあ」

桑森「似てるって、そのおっさんに？」

桑森(三十年前)「瓜二つだ。いや、三つくらい」

桑森「なあ、そのおっさんだけど、まさかブチョーっていうんじゃないか？」

桑森(三十年前)「え？　あんたもブチョー知ってんの？　じゃあ、どこ行っちまったのか知ってたら教えてくれ」

桑森「まさか……おっさん、まだ生きてたのか？」

桑森(三十年前)「ああ、生きてたも何も、ゆうべだってピンピンして、ここで酒盛りしてたぜ。でも、今朝急にいなくなっちまったんだ」

桑森「ちょ、ちょっと待ってくれ。そのブチョーっていうのは百歳くらいのおじいさんか？」

桑森（三十年前）「確かにじじい[5]だけど、百歳ってことはねえよ。せいぜい六十過ぎじゃねえの？」

桑森「……三十年前はそうだったけど、あれから三十年経ってるんだ。少なくとも九十は過ぎてるはず……どうなってんだ？　待てよ……ブチョーは昨日ここで君と酒盛りして、今朝いなくなったって言ったね？　で、君は今日、契約が取れたんだよね？　そして君の名前は桑森」

桑森（三十年前）「ああ、そうだけど、それがどうしたんだ？」

桑森「ま、まさか……（三十年前の桑森に、にじり寄る）そんなバカな……」

桑森（三十年前）「な、何だよ？」

桑森「正春？」

桑森（三十年前）「え？」

桑森「君は桑森正春！」

桑森（三十年前）「何で俺の名前知ってんだ？　……（たじろいで）二、三

5▼歳をとって、丸くなって「おじいちゃん」と呼ばれるより、いつまでも偏屈な「じじい」でありたい。

歩下がる）」

桑森「腕に大きなやけどの跡があるだろ！」

桑森（三十年前）「うっ、あんた誰なんだ？（さらに下がる。そのとき何か硬いものを踏みつけ、ジャリっという音がする）」

桑森「ん？（三十年前の桑森が踏んだものを見つけて拾う）これは……」

桑森（三十年前）「あっ！（それを奪う）あった！……嘘だろ」

桑森「どうした？」

桑森（三十年前）「い、いや、あんたに言ってもわかんねえと思うけど、ゆうべ夢の中でお巡りさんが撃った拳銃の弾が、ほら、おっさんがそれを素手で掴んで、つまり、その……ゆうべの夢の中の出来事が、本当になっちまった！」[6]

桑森「信じられないことが起きたんだな？」

桑森（三十年前）「ああ、信じらんねえ。嘘だろ？　嘘だって言ってくれよ、おっさん！……あれは夢じゃなかったのか。じゃあ、おっさんはほんとに行っちまったのか？　こんな終わり方ってない

6▼内田百閒の短編小説『サラサーテの盤』を映画化した、鈴木清順監督『ツィゴイネルワイゼン』夢か現か、その境界線が溶けてなくなり妖艶な世界へ引きずり込まれていく。役者原田芳雄の無頼漢ぶりに魅了される。

ぜ。……俺はこれからどうすればいいんだよ⁉」

桑森「そうか、思い出したよ。昨日があの日だったんだな」

桑森（三十年前）「おっさんが、神様だったなんて……」

桑森「そりゃあにわかには信じられないだろうね。でも正春君、もっと信じられないことが、今起きてるんだ」

桑森（三十年前）「ええ？」

桑森「この公園は、時空[7]が歪んでいるのかもしれない」

桑森（三十年前）「何だって？」

桑森「いいか、よく聞くんだ。私の名前は、桑森正春。君と同じ、つまり[8]私は、君なんだ」

桑森（三十年前）「あんた……」

桑森「うん」

桑森（三十年前）「病院行った方がいいぜ」

桑森「しょうがないか……俺だって混乱してるんだ。でも聞いてくれ、君の会社は、現役合格指導センターだろ？　現役の高校生の家を訪問して、大学受験教材の販売をしているんだね？」

7▼タイムトラベルものは、よく小説や映画になる。面白い作品は数多くあるが、草分け的存在のロバート・F・ヤング著『たんぽぽ娘』が素晴らしい。読み終わった後、男性ならきっと縁側の陽だまりで日向ぼっこしているような気持ちになる。女性はどうなんだろう。自分に嫉妬するという理不尽な幸せもあるのかもしれない。

8▼もし、自分の子どもの頃にタイムスリップして会話ができるとしたら、あなたは自分に何を言ってやりたい？　じゃあ、もし今あなたが何かに悩んでいたり、迷ってたりしているとしたら、未来からやってきたあなたは、現在のあなたに何て言うだろう？　これがセルフコミュニケーションだ。未来は変えられるんだぜ。

桑　森（三十年前）「そ、そうだけど……あんた興信所の人？」

桑　森「君は、大怪我をして、長い入院生活の後、今日再出社した。そして、ついに初めての契約を取った。サッカー部だった子で、一年の夏に怪我をして部活を辞めてしまって、それからすべてにやる気を失ってグレてた子。全然心を開いてくれなかったのに、たまたま入院してた病院が俺と……いや君と同じ病院で、赤ひげ先生の話題で心を開いてくれたんだよね？」

桑　森（三十年前）「何でそんなこと知ってんだ？　……あんたも神様なのか？」

桑　森「私は、三十年後の君だ。つまり、未来の君だ」

桑　森（三十年前）「三十年後の俺⁉　そ、そんな……いったいどうなっちまってんだ？」

桑　森「なぜこんなことが起きているのか、私にもよくわからない。これも、ブチョーの、セールスの神様の仕業なのかもしれないが、でもこれもきっと君の人生に……いや、私の人生かな？　どっちにしても、きっと意味[9]のあることなんだろう」

9▼どんな人生にも意味がある。意味のない命なんてない。しかしその意味に気がつかなければ紙幣でたき火をするようなものだ。辛い経験を無駄にするな。

桑森（三十年前）「本当に、あんたは俺なのか？」

桑森「そうだ。やけどの跡が証拠だ」

桑森（三十年前）「（現在の桑森の顔をまじまじと見て）うそ……そんなバカな……じゃあ、この足の傷を見せてみろよ！（ズボンをめくって傷を見せる）」

桑森「ああ、[10]中学の修学旅行のとき、女子風呂をのぞこうとして屋根から落っこちたときの……（ゆっくりとズボンをめくる。まったく同じ場所に、同じ傷跡が）」

桑森（三十年前）「マジか……あんたは、三十年後の俺……じゃ、じゃあ、俺はこれからどうなんの？　結婚するのか？　相手は？　子どもは？　仕事はどうなんの？　あ、いや、言わないでくれ。知りたくない。でも知りたい。……う、う、う……でもダメだ。いや、ちょっとだけなら……わああ、やっぱり嫌だ」

桑森「落ち着け！　[11]未来のことなんか知ったら面白くないだろ。だからそんなことは教えないよ」

桑森（三十年前）「あ、ああ」

10▼一緒に屋根に上った中島君はド近眼で、メガネが曇って見えず、外しても見えず、結局何も見えなかった。

11▼未来を知ってしまう人生なんて、まるで犯人を知ってしまってから読むミステリーのようなものだ。ん？　その手法で成功したのが『刑事コロンボ』か。まあ楽しみ方は違うけどな。

12▼人生はたかだか八十年、はかなく短いものと言うけれど、そんなことはない。セミなんか一週間の命だぞ。八十年あれば大概のことはできる。自転車屋だった兄弟は、空を飛んだ。

桑森「ただね」
桑森（三十年前）「ただ？」
桑森「ただ、人生は君が思ってるよりも長い。[12]ずっと長いぞ」
桑森（三十年前）「大変なのか？」
桑森「いろんなことがある。[13]とんでもなく大変なこともたくさん起こる」
桑森（三十年前）「ひぇぇ」
桑森「でもな、人生って面白いんだぞ」
桑森（三十年前）「面白い？」
桑森「ああ、すごく面白い。[14]まるで長い長い一本の映画のようにな。だから何があろうと大丈夫だ。私の人生はこれまでいい人生だった。[15]そしてこれからもいい人生だ。そのことを知っておいて欲しい」
桑森（三十年前）「……いい人生か。うん、でも俺だって、今幸せだよ」
桑森「そうだな。君にとって今日はセールスの面白さに目覚めて、生まれ変わった記念日だもんな。[16]おめでとう！　ビールで乾杯でもしたいとこだけど……」

13▼平凡な人生はドラマにならない。視聴率が取れるような人生を作るのだ。あなたは、未来にとんでもないトラブルを描く勇気があるか？　それが成功する最大のポイントだ。結局何も達成できない奴らは、平穏無事に生きて成功したいなんて、とんでもない腑抜けた夢を描いているのさ。

14▼「面白い」人生は無敵だね。もう一度同じ人生を繰り返したくなるくらい面白くしてやろう。

15▼「いい人」なんてのはクソ喰らえ！　だが、「いい人生」ではありたい。

16▼人生は毎日が何かの記念日。見落としてしまいそうな日常の感動を集めてみよう。これからのセールスマンは、頭脳より感性が大事なんだ。『「この味がいいね」と君が言ったから七月六日はサラダ記念日』俵万智『サラダ記念日』

桑　森（三十年前）「そうだ、おっさんと乾杯しようと思って……（カバンから缶ビールを二つ取り出す）ほら！」

桑　森「気が利くなあ！　金もないのにどうしたんだ？」

桑　森（三十年前）「絶対に今日は決まる気がしてたから[17]、おっさんと乾杯したくて先輩からお金を借りたんだ」

桑　森「そうか、じゃあ、遠慮なく乾杯だ！　おめでとう！」

桑　森（三十年前）「乾杯！　……うめぇ！」

桑　森「ははは、いい仕事の後のビールは格別だな」

桑　森（三十年前）「うん、でもなんか変な感じだ。だって、俺が俺と乾杯して、俺が俺を祝ってくれてんだろ？」

桑　森「確かにな……ところでさっき、気になることを言ってたんだが、ブチョーと私はそんなに似てるのか？」

桑　森（三十年前）「覚えてないの？」

桑　森「ああ、もうずいぶん前のことだから、顔はぼんやりとしか思い出せない」

桑　森（三十年前）「あんたそっくりだぜ、頭が、その、つまり……」

17▼そんなときは必ず決まる。「予感」とは、一見根拠がないように思えるが、理解を超えたところに複雑な因果関係がある。それを直感力という。コンピューターにも打ち勝つ将棋の棋士は、この直感的思考の神経回路が発達しているそうだ。偉大な数学者も同じで、その一人フェルマーは、弟子たちが証明するのに三六〇年かかった定理を、一瞬で言い当てていたという。アンドリュー・ワイルズ著『フェルマーの最終定理』

桑　森「禿げ上がれば？」

桑　森（三十年前）「その通り！」

桑　森「ははは！　……ん？　待てよ……ってことは、もしかして、ブ[18]チョーの正体は十年後か、二十年後の私だったりして!?」

桑　森（三十年前）「あんたが、おっさん？　……ってことは俺!?」

お互い顔を見合わせて

桑森、桑森（三十年前）「あははははは！　………そんなバカな……」

桑　森（三十年前）「あんな汚ねえじじいになるのは御免だぜ」

桑　森「でも案外そうかもよ」

桑　森（三十年前）「ええ？」

桑　森「そうだとしたら、私は本当にセールスの神様にならないとだな」

桑　森（三十年前）「つまりそれは、俺もそうなるってことじゃん」

桑　森「そういうことになるな。実は、私はこれから学校を作ろうと思ってる。[19]セールスの学校だ」

18▼これは結論付けているわけじゃない。真実なんてどっちでもいい。

19▼私の次なる使命だ。セールスマンだけではなく、コミュニケーションや人間関係で苦悩している人たちが集まり、互いに学び、教え合う「寺子屋」のような学校。そこに教師はいない。そう、映画『パッチ・アダムス』でパッチが作ろうとした病院こそ、私の理想とする学校のモデルなんだ。

桑森（三十年前）「セールスの学校？　そりゃあ面白そうだね。そこに通えば、誰でも本当のセールススキルを身につけられるのかい？」

桑森「ああ、君がここでブチョーから学んだように、日本中の、いや、世界中の頑張ってるのに売れないで苦しんでるセールスマンたちにセールススキルを教えるんだ。そのために俺は、セールスの神になる」

桑森（三十年前）「そいつはいいや。うん、凄い！　素晴らしいぜ！　でも、俺に俺の未来のこと喋っちゃっていいの？」

桑森「これはまだ叶うかどうかわからない、未確定の未来の話だから構わんだろう。[20]それに未来なんてちょっとしたことで変わってしまうもんさ」

桑森（三十年前）「へえ、そうなのか？」

桑森「ああ、実際君が昨日体験したことは、確かに私も体験したが、今のこの出来事は体験した記憶がない。つまり少しずつ歴史は変わっているということだ」

桑森（三十年前）「ふうん。そうか。そうだね。でも、あんたならきっと

20▼何度タイムトラベルをトライしても変わらない未来を、それでも何とかして変えようと奮闘した主人公もいる。映画『バタフライ・エフェクト』　バタフライ・エフェクトとは、カオス理論の一つの比喩で、「北京で蝶が羽ばたいたことが、ニューヨークで嵐が起こる起因になる」、つまり最初のわずかな差が、結果大きな違いを生むといったことを表している。

桑森　その夢、叶えるさ」
桑森（三十年前）「ん？　どうしてそんなことがわかる？」
桑森「だって、あんたは三十年後の俺なんだろ？　じゃあ、きっとやり遂げるさ」
桑森（三十年前）「こいつは一本取られたな！　はははは」
桑森「あんたホントにその夢叶えてくれ。俺も後から頑張ってついて行くからさ。俺、もっと強くなるよ。[21]約束する。セールスの腕を磨いて、世界一になる。あんたに、いや、あんたは俺だから……セールスマンシップに誓うよ。そんでいつか、おっさんみたいにセールスの神様になって、あんたのその志を受け継ぐよ！」
桑森（三十年前）「セールスを極めるのは、甘くないぞ」[22]
桑森「望むところだ！」
桑森（三十年前）「うん、それでこそ私だ！　よし、じゃあ、今から君のプレゼンを見てやろう」
桑森「おえっ！　今から？」

21▼最近では、強さよりも優しさを求める傾向があるが、強くなければ本当の優しさとは言えない。優しさだけでは、愛するものを守れないだろ？

22▼センスも才能もいらないが、甘くはない。

桑森「世界一になるんだろ？　どうせ終電は終わってるんだ。朝まで付[23]き合うぞ」

桑森（三十年前）「そ、そうだな……」

桑森「なあ、正春」

桑森（三十年前）「何だよ、正春」

桑森「君が、私を呼び捨てはダメだろ！」

桑森（三十年前）「だってあんたは俺なんだろ？　俺が、俺を呼び捨てにして何が悪い。ここに上下関係はないぜ！」

桑森「ははは、そういえば確かに若い頃の私はそうだった。その生意気[24]なところも、屁理屈も、思い出したよ」

桑森（三十年前）「で、なんだよ？」

短い間

桑森「なあ、もしかしたらこれは夢なのかもな」

桑森（三十年前）「また夢？」

23▼「朝まで付き合う」。粋な台詞だね。最近ではとんと聞かなくなった。「明日早いんで、お先に失礼しまーす」と言って、家に帰って朝までゲームをやっている。

24▼生意気で屁理屈で頑固で偏屈。まあ、ダイヤの原石みたいなもんだな。磨かなけりゃ、ただの炭素で終わるが、磨けば光り出す。磨くとは、傷をつけ輝かせるという行為。

桑森「君が見ている夢なのか、私が見ている夢なのか、それとも知らない誰かが見ている夢なのかもしれないな」[25]

桑森（三十年前）「誰かが見ている夢の中を俺は生きてるっていうのか？　じゃあ、昨日のことはどうなる？　ゆうべ俺が夢だと思ってたことが実は夢じゃなかった……という夢？　ややこしいな！」

桑森「でも、それを否定することは誰にもできない。私が存在していることは私にはわかるが、君が存在しているかどうかは、私にはわからない。この世界は、たった一人の誰かが見ている長い長い夢なのかもしれない」[26]

桑森（三十年前）「あるいは人類が同時に見ている夢なのかも」

音楽、フェードイン[27]

桑森「ああ、こんな満天の星空を見てたら、世界なんか全部夢のように思えてくるさ。宇宙の時間に比べれば、私たちの人生の時間なんて一瞬の夢のようなもんだ」

25▼不思議なタイの映画を観た。現実なのか、誰かが見ている夢なのか、難解なのに、いや難解だからよくわかることがある。見えないからよく見えるし、言わないから言葉に溢れている。アピチャートポン・ウィーラセータクン『ブンミおじさんの森』

26▼人間の脳細胞を研究していくと、無数の銀河系を構成している宇宙とそっくりになるそうだ。ならば、我々の存在は、宇宙という意識が見ている夢なのかもしれないな。

27▼「ふり向けばあの時の目にしみる空の青さ思う」西城秀樹『ブルースカイブルー』　長かった芝居もこれでおしまい。透き通った青空のようなエンディングで行こう。劇場を一歩外に出たら、自分の使命を胸に刻み、素晴らしきセールス道を輝きながら歩んでくれ！　終わりはいつも始まりなのだ！

桑　森（三十年前）「（空を見上げて）もし、あの星が十万光年離れているとしたら、俺たちがこうして出会ってる奇跡があの星に届くのは十万年後なんだな」

桑　森「そうだ。だから私たちの人生は、一瞬であり、永遠でもある」

桑　森（三十年前）「この人生が夢だって構わないさ。それでも俺は確かに生きている。こうしてあんたに会った奇跡も、おっさんに出会った奇跡も、紛れもない俺の人生なんだ」

桑　森「うん」

桑　森（三十年前）「おーい、おっさーん！　見えてるかー？　おっさんに会えてよかったぞー！　あんたが何者なのか、そんなことはもう、どうでもいいー。あんたのおかげで、俺の人生は変わったんだー！　いじけて、腐って、死にかけてた魂が生まれ変わったんだー！　だから、命に代えても、この使命を全うするぜー」

桑森、そっと三十年前の桑森に肩を組んで

桑　森「俺もやってやる！　俺の人生、一番面白いのはこれからなんだ！
　よーく見ておけよ！」
桑　森（三十年前）「おっさーん！　今度会ったら、いっぱいビール買って
　やるからな！」
桑　森「それでも足りなきゃ、ビアホール貸し切りにしてやるぞー！　嬉
　しいだろ！」
桑　森（三十年前）「今までありがとー！　絶対にやり遂げるからなー」
桑　森「達者でなー」
桑　森（三十年前）「長生きしろよー」
桑　森「風呂入れよー」
桑　森（三十年前）「歯、磨けよー」
桑　森「いつでも帰って来いよー」
桑　森（三十年前）「またいつか会おうぜ、未来の俺ー！」

ブチョーからのエールかのように、空から星のかけらなのか、
あるいは季節外れの雪なのか、光がちらついてくる

照明、ゆっくりとゆっくりとフェードアウト
音楽、盛り上がって
二人、暗闇の中いつまでも手を振り続けている

おしまい

この本を読め！　この音楽を聴け！　この映画を観ろ！

ビジネス書とは例えばサプリメントのようなもの。栄養が凝縮され手軽に摂取できるが、食事をとらずにサプリだけでは健康な肉体は作れない。ましてや化学調味料にまみれたジャンクフードなどは論外である。そして精神もまた肉体と同じようにさまざまな栄養が必要である。それは独特の獣臭を発する小説や、発酵し熟成させた音楽や、本物の素材を使ってじっくり煮込み続けた映画の中にある。ビジネス書や娯楽映画ばかりではなく、苦いのかもしれないが、栄養満点の書籍や映画も召し上がってほしい。

《書籍》

6頁『もし、坂本龍馬が営業マンだったら』桑原正守

27頁『私の昭和の終わり史』赤瀬川原平

87頁『破獄』『高熱隧道』『漂流』『冬の鷹』『長英逃亡』吉村昭

118頁『ホテル・ニューハンプシャー』『ガープの世界』ジョン・アーヴィング

141頁『ガチョウと黄金の卵』（イソップ寓話）

149頁『アメリカインディアンの教え』吉永宏 訳

158頁『海賊とよばれた男』百田尚樹

164頁『俄－浪華遊侠伝』司馬遼太郎

166頁『遠き落日』渡辺淳一

185頁『スタンド・バイ・ユー　便利屋タコ坊物語』岡根芳樹

231頁『生くる』執行草舟
252頁『小さなせむしの少女』リヒャルト・レアンダー
253頁『オーマイ・ゴッドファーザー』岡根芳樹
259頁『夢十夜』『坊ちゃん』『こころ』夏目漱石
263頁『ポケットに名言を』寺山修司
266頁『沈黙』遠藤周作
268頁『ポテチ』伊坂幸太郎（書籍『フィッシュストーリー』）
269頁『LIFE IS BEAUTIFUL』岡根芳樹
283頁『サラサーテの盤』内田百閒
284頁『たんぽぽ娘』ロバート・F・ヤング
288頁『フェルマーの最終定理』アンドリュー・ワイルズ

《漫画・アニメ》
36頁／170頁『あしたのジョー』高森朝雄（梶原一騎）原作、ちばてつや画
80頁『浮浪雲』ジョージ秋山
158頁『宇宙海賊キャプテンハーロック』松本零士
158頁『ONE PIECE』尾田栄一郎

《音楽》
14頁／27頁『午前3時の街角で』SION（シオン）

47頁『イムジン河』ザ・フォーク・クルセダーズ
54頁『今日までそして明日から』『祭りのあと』『人生を語らず』『落陽』『流星』吉田拓郎
58頁『路地裏の少年』浜田省吾
84頁『田園』玉置浩二
89頁『ランナウェイ』シャネルズ
118頁『ロッキーのテーマ』
121頁『太陽にほえろ！　愛のテーマ』
145頁『追憶』沢田研二
164頁『夜明けのスキャット』由紀さおり
170頁『ジョーの子守唄』小池朝雄
170頁『チャンピオン』『遠くで汽笛を聞きながら』アリス
174頁『小フーガ ト短調』ヨハン・ゼバスティアン・バッハ
194頁『ジャコビニ彗星の日』松任谷由実
198頁『交響曲第９番』ルートヴィヒ・ヴァン・ベートーヴェン
232頁『悲しい気持ち　just a man in love』桑田佳祐
243頁『プレイバック Part 2』山口百恵
255頁『夢で逢えたら』大瀧詠一
265頁『時代』中島みゆき
277頁『スローバラード』ＲＣサクセション
293頁『ブルースカイブルー』西城秀樹

《映画》

26頁『ピンクパンサー』ピーター・セラーズ主演
173頁『生きる』黒澤明
174頁『切腹』仲代達矢主演
174頁『道』フェデリコ・フェリーニ
178頁『赤ひげ』黒澤明
192頁／260頁『素晴らしき哉、人生！』フランク・キャプラ
252頁『俺たちは天使じゃない』ハンフリー・ボガート主演
252頁『ミッドナイト・ラン』ロバート・デ・ニーロ主演
260頁『ベルリン天使の詩』ヴィム・ヴェンダース
260頁『天国から来たチャンピオン』ウォーレン・ベイティ主演
260頁『ジョー・ブラックをよろしく』ブラッド・ピット主演
266頁『アメリ』ジャン＝ピエール・ジュネ
283頁『ツィゴイネルワイゼン』鈴木清順
289頁『パッチ・アダムス』ロビン・ウィリアムズ主演
290頁『バタフライ・エフェクト』エリック・ブレス
293頁『ブンミおじさんの森』アピチャートポン・ウィーラセータクン

《演劇・絵画・言葉》

26頁『ひまわり』フィンセント・ファン・ゴッホ

85頁『リア王』ウィリアム・シェイクスピア

126頁「愛の反対は憎しみではなく無関心」マザー・テレサ

139頁「考えるな、感じろ！」ブルース・リー（映画『燃えよドラゴン』）

194頁「神様がくれたお休み」（ドラマ『ロングバケーション』）

204頁「それを言っちゃあ、おしめぇよ」（映画『男はつらいよ』）

237頁「闘う君の唄を、闘わない奴等が笑うだろう」（音楽『ファイト！』中島みゆき）

247頁「さよならを言うのは、少しだけ死ぬことだ」（小説『長いお別れ』レイモンド・チャンドラー）

275頁「少年よ、大志を抱け」ウィリアム・スミス・クラーク

287頁「『この味がいいね』と君が言ったから七月六日はサラダ記念日」（歌集『サラダ記念日』俵万智）

293頁「ふり向けばあの時の目にしみる空の青さ思う」（音楽『ブルースカイブルー』西城秀樹）

著者プロフィール

岡根 芳樹

1964年和歌山県出身
ソーシャル・アライアンス株式会社 代表取締役社長
営業、コミュニケーション教育を提供する同社にて、企業や組織に対し実際の現場を想定した即効性のある研修を提案。机上の空論ではない自身の営業経験を活かした成果にこだわる人材教育、ユニークかつ実践的なトレーニングには定評がある。人気講師、トレーナーとして全国各地を飛び回る一方絵本作家としての顔も持つ多才な人物である。

〈著書〉『LIFE IS BEAUTIFUL』（ソースブックス）
『スタンド・バイ・ユー』（エイチエス）
『オーマイ・ゴッドファーザー』（エイチエス）
〈絵本〉『よなかのさんぽ』（ビリケン出版）
『あめのカーテンくぐったら』（フレーベル館）
『まじょのマジョリータ』（フレーベル館）

【演劇の手法による セールスの絶対教科書 ロード・オブ・ザ・セールス】

初　刷 ―― 二〇一八年四月一〇日
第二刷 ―― 二〇二〇年五月一〇日
著　者 ―― 岡根芳樹
発行者 ―― 斉藤隆幸
発行所 ―― エイチエス株式会社　HS Co., LTD.
064-0822
札幌市中央区北2条西20丁目1-12佐々木ビル
phone : 011.792.7130　fax : 011.613.3700
e-mail : info@hs-prj.jp　URL : www.hs-prj.jp
印刷・製本 ―― モリモト印刷株式会社

ISBN978-4-903707-82-2